Arwen Schnack

Deutsch intensiv

Wortschatz C1

Das Training.

Alles Digitale zu diesem Buch kann auf der Lernplattform **allango** von Ernst Klett Sprachen abgerufen werden. So geht's:

QR-Code scannen oder **www.allango.net** aufrufen	Buchtitel oder ISBN in der Suche eingeben und auf das Buchcover klicken	Zum Inhalt navigieren, direkt abrufen oder speichern

Dieses Symbol bedeutet, dass zu einem Buch-Abschnitt ein digitaler Inhalt verfügbar ist: **flipQuiz-Karteikarten, Wortlisten**

Ernst Klett Sprachen
Stuttgart

1. Auflage 5 | 2025

www.klett-sprachen.de

Autorin: Arwen Schnack

Redaktion: Arkadiusz Wrobel
Layoutkonzeption: Greta Gröttrup
Gestaltung und Satz: Datagroup Int, Timişoara
Umschlaggestaltung: Greta Gröttrup
Druck und Bindung: Plump Druck & Medien GmbH, Rheinbreitbach

Printed in Germany
ISBN 978-3-12-675537-5

PEFC
Förderung nachhaltiger Waldbewirtschaf
PEFC/04-31-3752
www.pefc.de

Vorwort

Liebe Lernende, liebe Lehrende

in diesem Intensivtrainer *Wortschatz C1* finden Sie Wortschatzübungen für den privaten und beruflichen Alltag in Deutschland. Sie lernen Wörter im Kontext und in typischen Verbindungen. Als Hilfen gibt es Tipps mit Erklärungen.

Wer kann mit dem Intensivtrainer arbeiten?

Der Intensivtrainer ist für Lernende auf dem Niveau C1. Wenn Sie nicht sicher sind, wie gut Sie den Lernwortschatz der Niveaustufe B2 beherrschen, können Sie den **Selbsttest** auf S. 6 bis 11 machen. So erfahren Sie, zu welchen Themenbereichen Sie noch Wortschatz wiederholen könnten, bevor Sie mit dem Intensivtrainer beginnen.

Mit dem Intensivtrainer können Sie selbstständig arbeiten. Hinten im Buch finden Sie die Lösungen zu den Aufgaben. In einem Kurs können Sie den Intensivtrainer als zusätzliches Übungsmaterial einsetzen.

Wie übe ich mit dem Buch?

Das Buch hat 13 **Kapitel** mit unterschiedlichen thematischen Schwerpunkten, die Sie in beliebiger Reihenfolge bearbeiten können.

Innerhalb eines Kapitels können Sie sich zuerst die **Wortliste** ansehen – so wissen Sie, welche Wörter Sie in dem Kapitel erwarten. In der Liste finden Sie auch grammatikalische Informationen wie Artikel, Pluralformen oder Kasus. Die Wortlisten finden Sie **zusätzlich online** – Sie können sie herunterladen und z. B. Übersetzungen in Ihrer Muttersprache ergänzen.

Anschließend können Sie die **Übungen** machen: Die erste Seite eines Kapitels ist immer eine Wiederholungsseite – hier werden wichtige Wörter auf dem Niveau B2 wiederholt, die jedoch nicht in der Wortliste stehen. Auf den nächsten vier Seiten folgen Übungen auf dem Niveau C1.

Eine weitere Trainingsmöglichkeit bietet der **Online-Vokabeltrainer**: Damit können Sie die wichtigsten Wörter und Wendungen aus jedem Kapitel wiederholen und festigen.

Wie finde ich, was ich suche?

Im **Inhaltsverzeichnis** (Seite 5) stehen alle Themen. Die **Lösungen** zu den Aufgaben sind hinten im Buch (ab Seite 90). Außerdem helfen Ihnen folgende Symbole weiter:

TIPP Hier gibt es Informationen zur Verwendung einzelner Wörter, Hinweise auf Wörter, die man leicht verwechseln kann, Tipps zur Wortbildung oder andere Informationen, die helfen können, Wörter zu verstehen und richtig zu verwenden.

Hier wird Wortschatz aus B2 wiederholt.

Dazu gibt es Zusatzmaterial online (siehe dazu Hinweise auf Seite 1).

Viel Erfolg beim Lernen und viel Spaß mit dem Buch wünschen Ihnen

Autorin, Redaktion und Ihr Ernst Klett Sprachen Verlag

Inhalt

Ran an die Vokabeln!

Die wichtigsten Vokabeln und Audrücke aus dem Buch können Sie bequem und effektiv mit **digitalen Karteikarten** wiederholen. Für jede Lektion aus dem Buch stehen Ihnen zwei flipQuiz-Kartensets zur Verfügung, mit denen Sie den Wortschatz auf Ihrem Rechner, Smartphone oder Tablet festigen können.

Die flipQuiz-Karteikarten zu Ihrem Buch können Sie auf allango nutzen (siehe Hinweise auf Seite 1).

<u>Übrigens:</u> Auf allango finden Sie auch **Wortlisten** mit allen C1-Wörtern aus dem Buch. Ergänzen Sie dort Übersetzungen in Ihrer Muttersprache und nutzen Sie die Listen für noch mehr Wortschatztraining!

A Begegnungen

1 Was passt? Verbinden Sie.

1. Eine Person, der man direkt begegnet, ist das	____ a)	Rivale/in.
2. Die Kumpelinnen und Kumpels und die Clique sind der	____ b)	Gegenüber.
3. Die Eltern und Kinder bilden zusammen die	____ c)	Schwarm.
4. Großtanten, Urenkel und Schwippschwager sind entfernte	____ d)	Jugendliebe.
5. Menschen, die in direkter örtlicher Nähe leben, gehören zur	____ e)	Verwandtschaft.
6. Jemand, mit dem man in Konkurrenz steht, ist ein/e	____ f)	Freundeskreis.
7. Jemand, in den man als Jugendliche/r sehr verliebt war, ist die große	____ g)	Nachbarschaft.
8. Jemand, in den man heimlich ein bisschen verliebt ist, ist ein	____ h)	Kernfamilie.

2 Was passt? Markieren Sie.

● Entschuldige, ich war noch nicht fertig. Könntest du mich (1) *ausreden/unterbrechen* lassen?
○ Verzeihung, ich dachte, du hättest (2) *verzeichnet/signalisiert*, dass du fertig wärst.

● Möchtest du deine Erfahrungen mit mir (3) *tauschen/teilen*?
○ Ja, sehr gern. Aber erzähl es bitte nicht (4) *wieder/weiter.*

● Du (5) *bringst/machst* mich immer zum Lachen! Das mag ich gern an dir.
○ Danke! Du (6) *mietest/triffst* meinen Humor aber auch immer ganz genau.

3 Was passt? Ergänzen Sie.

[Gesicht • Schultern • Sprache • Stimmlage • Gesichtsausdruck • Wort]

1. Was denkst du? Du machst so einen ernsten ______________________. Bist du nicht einverstanden?
2. Wenn sie mit ihrem Schwarm spricht, verändert sich ihre ______________________. Du musst mal drauf hören.
3. Immer, wenn ich koche, verzieht sie das ______________________ und sagt, sie hätte schon gegessen.
4. Egal, was ich ihn frage: Er zuckt nur mit den ______________________ und meint, es sei ihm egal.
5. Bevor du mir wieder ins ______________________ fällst, warte bitte kurz und hör mir zu.
6. Es gibt ein Problem, dass ich gern mal zur ______________________ bringen würde.

4 Finden Sie fünf Verben und ergänzen Sie sie in der richtigen Form.

verablenkenbevorhintergehenentgeausnutzenzervernachlässigeneingeaufmunternen

1. Hey, sei nicht so traurig. Wie kann ich dich denn ______________________?
2. Ich vertraue ihm nicht und habe Angst, dass er mich ______________________.
3. Du bist nie da und kümmerst dich nicht um mich. Du ______________________ mich!
4. Denk nicht weiter darüber nach. Du solltest etwas anderes machen und dich ______________________.
5. Ständig soll ich ihr helfen und etwas für sie machen. Sie will mich nur ______________________.

B Arbeit

1 Ergänzen Sie Nomen mit *Arbeit(s)-*.

1. ______________________ sind abhängig beschäftigt, also nicht selbstständig.
2. ______________________ nutzen die Arbeitskraft ihrer Mitarbeitenden und zahlen dafür den Lohn.
3. ______________________ bedeutet, dass man keine Stelle hat und kein Unternehmen führt.
4. Der ______________________ ist die tägliche Routine an einem Arbeitstag.
5. Ein ______________________ ist keine Freizeit: Man isst zwar zusammen, spricht aber auch über Berufliches.
6. ______________________ beinhaltet zum Beispiel Lärmschutz, Schutzkleidung und auch Regeln für den Umgang mit gefährlichen Substanzen.
7. Zu den ______________________ gehören Gehalt, Urlaubs- und Arbeitszeitregelungen.

2 Welches Dokument passt? Ergänzen Sie.

[Anhang • Anschreiben • Abrechnung • Arbeitszeugnis • Kündigung • Lebenslauf • Stellenanzeigen]

1. Bei der Stellensuche liest man ______________________ und bewirbt sich darauf – oder man schreibt Initiativbewerbungen.
2. Zu einer Bewerbung gehört ein ______________________, in dem man erklärt, warum man sich für die Stelle interessiert.
3. Außerdem fügt man einen ______________________ bei, aus dem die beruflichen Stationen ersichtlich werden. Man verschickt ihn im ______________________ der E-Mail, zusammen mit den Zeugnissen.
4. Wer freiberuflich arbeitet, bekommt sein Honorar meist nicht automatisch, sondern nachdem man eine ______________________ geschrieben hat.
5. Sowohl Arbeitnehmer*innen als auch Arbeitgeber*innen können das Arbeitsverhältnis beenden und eine ______________________ schreiben.
6. Wer einen Betrieb dauerhaft verlässt, hat das Recht auf ein ______________________, in dem der Arbeitgeber angibt, was man während des Beschäftigungsverhältnisses gemacht hat.

3 Was passt? Markieren Sie. Je zwei Lösungen sind richtig.

1. eine Ausbildung — *abschließen / beschließen / abbrechen*
2. eine Stelle — *anstellen / annehmen / ausschreiben*
3. eine Aufgabe — *bewältigen / erfüllen / benehmen*
4. eine Leistung — *erbringen / bearbeiten / steigern*
5. Mühe in etwas — *legen / stecken / investieren*
6. sich — *weiterbilden / überbilden / fortbilden*
7. mit etwas — *scheitern / Erfolg haben / versagen*
8. Urlaub — *bestellen / beantragen / nehmen*
9. Feierabend — *machen / nehmen / haben*

C Gesundheit

1 Was passt? Verbinden Sie.

1. Die Lunge ist zuständig für die
2. Über Magen und Darm läuft die
3. Die Versorgung des Körpers mit Blut ist die
4. Knochen, Muskeln und Sehnen bilden den
5. Gegen Krankheitserreger kämpft das
6. Stoffe wie Adrenalin und Testosteron gehören zum

____ a) Verdauung.
____ b) Atmung.
____ c) Immunsystem.
____ d) Durchblutung.
____ e) Hormonhaushalt.
____ f) Bewegungsapparat.

2 Wie können Krankheiten sein? Kreuzen Sie an.

○ ansteckend ○ verträglich ○ riskant ○ gefährlich ○ chronisch
○ chronologisch ○ tödlich ○ langwierig ○ schmerzlich ○ schmerzhaft

3 Ergänzen Sie das Präfix.

1. Wer Gift zu sich nimmt, ______giftet sich. Wer Gift aus dem Körper ausleitet, ______giftet.
2. Eine Schiene legt man einem Verletzten ______. Nach einiger Zeit kann man sie dann wieder ______nehmen.
3. Um gesund zu bleiben, muss man genügend Nährstoffe ______nehmen und Schadstoffe aus dem Körper ______scheiden.
4. Mit Keimen kann man sich ______stecken, deshalb sollte man vor einer Operation alle Instrumente ______infizieren.
5. Es ist gefährlich, wenn kleine Kinder aus Versehen Gegenstände ______schlucken und nicht wieder ______spucken.

4 Was für eine Verletzung ist das? Ordnen Sie zu. Ergänzen Sie den Artikel.

[blauer Fleck • Biss • (Knochen-)Bruch • Schnitt • Schürfwunde • Stich • (Muskel-)Zerrung]

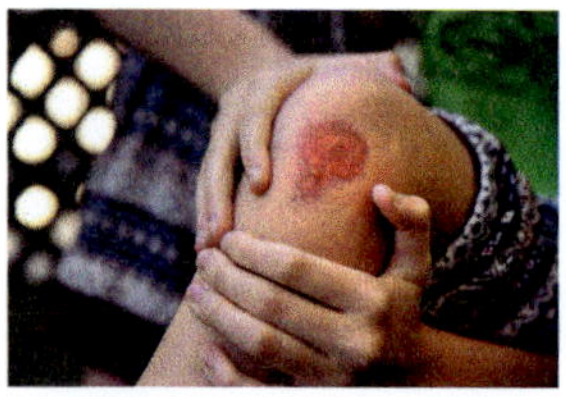

1. ____________________

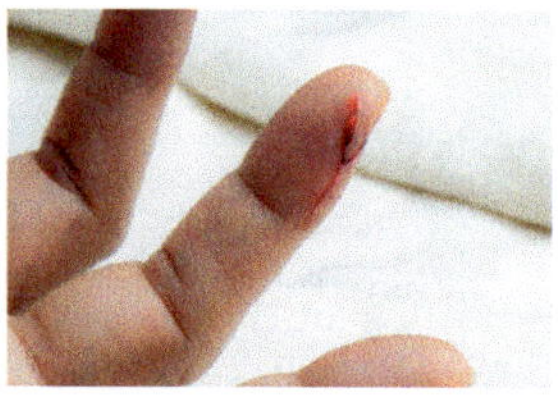

2. ____________________

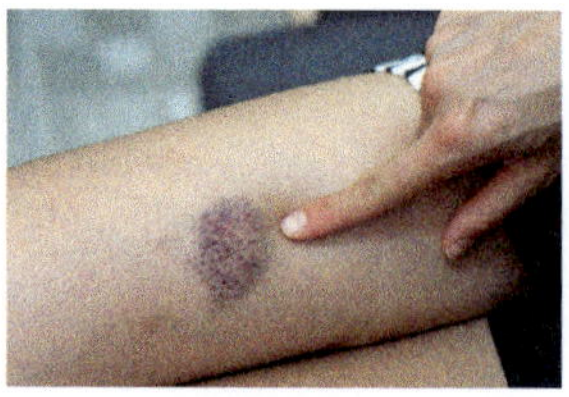

3. ____________________

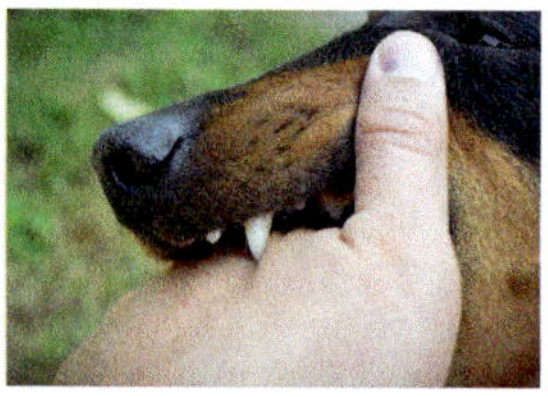

4. ____________________

5. ____________________

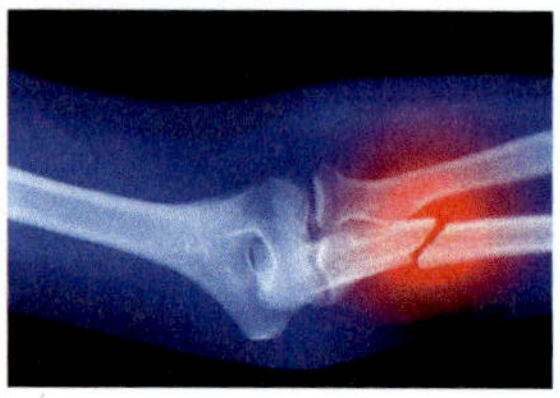

6. ____________________

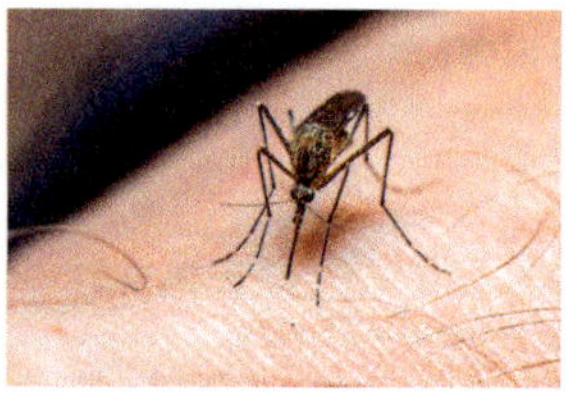

7. ____________________

D Gesellschaft

1 *-heit* oder *-keit*? Bilden Sie Substantive und ordnen Sie sie zu.

Staatlich- Betroffen- Gewaltfrei- Gerechtig- Gesetzmäßig- Menschlich- Minder- Mensch- Gleich- Feindlich-

-heit	-keit

2 Welche Wörter passen zu dem Begriff „Solidarität"? Markieren Sie.

◯ füreinander eintreten ◯ Homophobie ◯ jdn. benachteiligen ◯ Brüderlichkeit
◯ einander unterstützen ◯ Besitz ◯ Zusammengehörigkeitsgefühl ◯ Diskriminierung
◯ Zusammenhalt ◯ Hilfsbereitschaft ◯ Gemeinschaft

3 Was passt? Markieren Sie. Mehrere Lösungen können richtig sein.

1. Wogegen kann man verstoßen? *Grundsätze / Sitten / Menschen*
2. Wen kann man einbeziehen? *ein Gesetz / Minderheiten / verschiedene Schichten*
3. Wofür kann man eintreten? *die Geburtenrate / Menschenrechte / Sterblichkeit*
4. Wen kann man ausgrenzen? *eine religiöse Gemeinschaft / Tabus / Andersdenkende*
5. Was kann man verteidigen? *ein Recht / die Demokratie / die Lebenserwartung*
6. Was kann man einhalten? *Normen / Vorschriften / Verbote*

4 Bilden Sie das Substantiv.

1. arm sein die Armut
2. gebildet sein die ______
3. zurückgehen der ______
4. wachsen das ______
5. teilhaben die ______
6. besitzen der ______
7. zunehmen die ______

E Umwelt

1 Ergänzen Sie die Wörter mit Artikel.

[schwemÜmungber • welHitleze • beErdben • wandKlidelma • sturmbelWir • reDür]

1. die weltweite Veränderung der Temperatur, der Niederschlagsmuster und anderer Wetterereignisse: ______ ______________________________
2. eine starke, lang anhaltende Trockenheit: ______ ______________________________
3. ein länger anhaltender, starker Temperaturanstieg: ______ ______________________________
4. ein starker Wind, der sich kreisförmig fortbewegt: ______ ______________________________
5. ein Hochwasser, das in ein bestimmtes Gebiet vordringt: ______ ______________________________
6. eine plötzliche Bewegung von Teilen der Erdkruste: ______ ______________________________

2 Welche Wörter haben eine ähnliche Bedeutung? Verbinden Sie.

1. die Abholzung	______	a) die Emission
2. das Artensterben	______	b) die Ressource
3. der Ausstoß	______	c) die Entwaldung
4. das CO_2	______	d) das Kohlenstoffdioxid
5. der Rohstoff	______	e) die Reduktion der Artenvielfalt

3 Welche Verben passen? Mehrere Lösungen können richtig sein.

1. Gletscher	*entfrosten / schmelzen / tauen ab.*
2. Die Atmosphäre	*heizt sich auf / erhitzt sich / erwärmt sich.*
3. Der Meeresspiegel	*steigt auf / nimmt zu / steigt an.*
4. Krankheiten	*breiten sich aus / fallen aus / brechen aus.*
5. Radioaktivität	*tritt aus / wird freigesetzt / fließt ab.*

4 Was ist richtig? Markieren Sie.

Der tropische Regenwald ist immergrün – im Gegensatz zu den europäischen Wäldern, wo die (1) *Laubbäume/Nadelbäume* im Winter ihre (2) *Blätter/Blüten* verlieren. Die Regenwälder in Südamerika, Afrika und Südostasien machen zusammen weniger als 10% (3) *der Fläche/des Volumens* der Erde aus. Dennoch ist hier mehr als die Hälfte aller Tier- und (4) Pflanzen*arten/-sorten* beheimatet. Regenwälder sind wichtige (5) CO_2-*Silos/Speicher*: Die Bäume binden das Kohlendioxid aus der Luft und verarbeiten es. Der Kohlenstoff (C) wird ins Holz eingebaut, der (6) *Sauerstoff/Stickstoff* (O_2) durch Photosynthese freigesetzt. Trotz seiner großen ökologischen Bedeutung wird noch immer viel Regenwald (7) *abgeholzt/entlaubt*, zum Beispiel für die Produktion von Futtermitteln für die Fleischerzeugung, für die Landwirtschaft oder den (8) *Bergbau/Rückbau*. Weitere Flächen werden durch (9) *Kohle/Brände* vernichtet, auch als Folge des Klimawandels.

F Institutionen

1 Was passt? Finden Sie sechs Adjektive und ergänzen Sie sie.

verbeanerkanntbrachrechtskräftigzengrafälliggranerforderlichargvergefälschtbevertraulicher

1. Ein Beitrag muss bezahlt werden. Er ist ______________________.
2. Diese Urkunde ist nicht echt. Sie ist ______________________.
3. Das Zeugnis gilt hier nicht. Es ist nicht ______________________.
4. Die Information soll nicht an die Öffentlichkeit gelangen. Sie ist ______________________.
5. Gegen das Urteil kann man noch klagen. Es ist noch nicht ______________________.
6. Das Dokument muss vorgelegt werden. Es ist ______________________.

2 Ergänzen Sie die Verben in der richtigen Form.

1. Ein neuer Führerschein wird von der zuständigen Behörde ________________.
2. Eine Genehmigung wird auf Antrag ________________.
3. Einem Antrag wird von der Behörde ________________.
4. Dokumente werden fristgerecht ________________.
5. Gegen eine Entscheidung wird Widerspruch ________________.
6. Die Zahlungsfrist wird ________________.
7. Der Pflicht zur Mitwirkung wird ________________.
8. Die Behörde wird über die Änderungen in Kenntnis ________________.
9. Der Antrag wird nach Prüfung durch das Amt ________________.
10. Der entsprechende Nachweis wird ________________.

erteilen
einlegen
nachkommen
stattgeben
bewilligen
erbringen
ausstellen
einreichen
setzen
einhalten

3 Schreiben Sie die Wörter richtig.

1. Wer eine Rechnung nicht bezahlt, bekommt erst eine (lungsZahinnererung) ______________________ und dann eine (nungMah) ______________________.
2. Wer eine E-Mail an eine Behörde schickt, bekommt häufig eine (begangsgungstätiEin) ______________________.
3. Wer selbstständig arbeitet, ist verpflichtet, jedes Jahr eine (rungererSteuklä) ______________________ abzugeben.
4. Wer heiraten möchte, muss beim Standesamt einen Antrag auf Anmeldung der (Eßungschliehe) ______________________ stellen.
5. Wer bestimmte Nachweise einreichen möchte, braucht für die Kopien eine (gungBebiglau) ______________________, um zu beweisen, dass sie nicht gefälscht sind.

1 Alltag

Tätigkeiten

sich an|schleichen
humpeln
marschieren
schleichen
schlendern
schreiten
wanken

sich ernähren
essen wie ein Spatz
essen wie ein Scheunendrescher
futtern + A
herunter|würgen + A
in sich hinein|schaufeln + A
kosten + A
schlingen
speisen
trinken/saufen wie ein Loch
verzehren + A
sich den Bauch voll|schlagen mit + D
(ein bisschen) zu tief ins Glas schauen

schlafen wie ein Stein

sich vor Lachen nicht wieder ein|kriegen
sich freuen wie ein Schneekönig
grinsen wie ein Honigkuchenpferd
sich kringeln vor Lachen
los|prusten
prusten vor Lachen
(fast) sterben vor Lachen
sich tot|lachen
wiehern vor Lachen

ein langes Gesicht machen
den Kopf hängen lassen
aussehen wie ein begossener Pudel
wie ein Häufchen Elend aussehen
bedröppelt dastehen
geknickt sein

Gegenstände

die Armlehne, -n
der Buchrücken, -
der Couchtisch, -e
die Eckbank, ¨-e
der Flaschenhals, ¨-e
der Hängesessel, -
der Lampenfuß, ¨-e
die Kopflehne, -n
die Rückenlehne, -n
der Schaukelstuhl, ¨-e
das Stuhlbein, -e
das Tischbein, -e
schaukeln

der Bademantel, ¨-
das Bettlaken, -
der Filzpantoffel, -n
das Geschirrhandtuch, ¨-er
der Hosenträger, -
der Klettverschluss, ¨-e
die Knopfleiste, -n
der Reißverschluss, ¨-e
der Rollkragenpulli, -s
das Schnürband, ¨-er
der Schnürstiefel, -
das Seidentuch, ¨-er
die Strickjacke, -n
die Tischdecke, -n

die Kettensäge, -n
die Bohrmaschine, -n
der Nagelkopf, ¨-e
die Schneeschaufel, -n
die Steckerleiste, -n
die Wasserwaage, -n
bohren
etw. fällen
Schnee schaufeln

die Bratpfanne, -n
die Küchenmaschine, -n
die Schaumkelle, -n
der Schneebesen, -
der Stabmixer, -
etw. pürieren
Sahne schlagen

der Gemüseschäler, -
der Fahrradlenker, -
der Farbverdünner, -
der Rasenmäher, -
der Reiskocher, -
etw. schälen
etw. verdünnen

1 Wiederholung

1 Welches Verb oder welche Wendung hat eine ähnliche Bedeutung? Kreuzen Sie an.

	sprechen	gehen	lachen	essen
1. sich die Beine vertreten	○	○	○	○
2. flüstern	○	○	○	○
3. rennen	○	○	○	○
4. kichern	○	○	○	○
5. eine Mahlzeit einnehmen	○	○	○	○
6. fressen	○	○	○	○
7. plaudern	○	○	○	○
8. strahlen	○	○	○	○
9. ein Gespräch führen	○	○	○	○
10. grinsen	○	○	○	○

2 Gegenstände: Ordnen Sie zu.

1. ____ das Besteck
2. ____ der Blumentopf
3. ____ der Eierbecher
4. ____ der Hammer
5. ____ der Kleber
6. ____ der Knopf
7. ____ der Kragen
8. ____ der Nagel
9. ____ die Schraube
10. ____ die Schublade
11. ____ die Serviette
12. ____ die Sohle
13. ____ der Träger
14. ____ die Türklinke
15. ____ die Vase

A

B
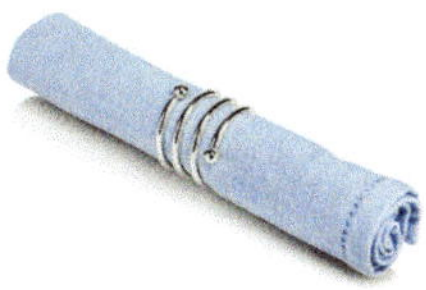
C

D

E

F

G

H

I

J
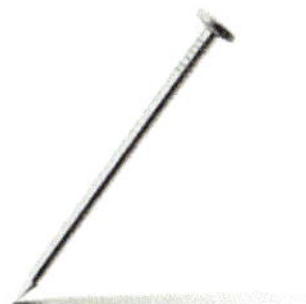
K

L

M
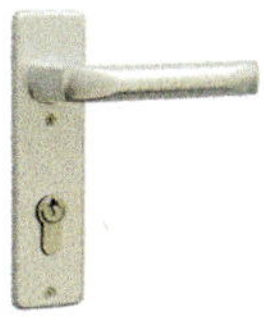
N

O
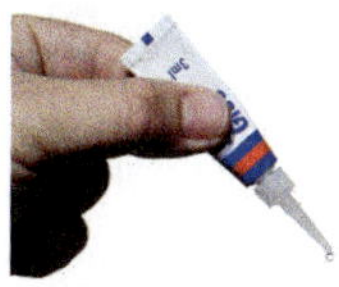

3 Vom Umgang mit den Dingen: Was passt? Markieren Sie.

1. Wie soll ich die Sachen nur alle in dem Schrank *aufbrauchen/unterbringen/abnutzen*?
2. Wir wollen mal alles *aussortieren/erwerben/auftreiben*, was wir nicht mehr brauchen.
3. Wir werden uns für den Sommer E-Bikes *erzielen/aufkommen/zulegen*.
4. Das ist die Schublade, in der wir unser Besteck *aufbewahren/erstehen/einsammeln*.
5. Mein Auto fahre ich nicht mehr. Ich überlege, wie ich es *wegwerfen/loswerden/verbrauchen* kann.

2 Tätigkeiten

1 Synonyme für *gehen*: Was passt? Ordnen Sie zu.

[wanken • schreiten • schlendern • humpeln • marschieren • schleichen]

1. ____________________

2. ____________________

3. ____________________

4. ____________________

5. ____________________

6. ____________________

2 Synonyme für *essen* und *trinken*

a Welcher Sprachstil ist das? Markieren Sie.

	ugs.	gehoben	sachlich
1. Ich kann Ihnen nur empfehlen, unser Souflé zu *kosten*.	○	○	○
2. Das Essen war widerlich, aber ich habe es *heruntergewürgt*.	○	○	○
3. Was für Kopfschmerzen! Alles dreht sich! Gestern habe ich *ein bisschen zu tief ins Glas geschaut*, fürchte ich.	○	○	○
4. Ich hab voll Hunger! Lass uns mal was *futtern* gehen.	○	○	○
5. *Ernähren* Sie *sich* vegetarisch?	○	○	○
6. *Schling* doch nicht so! Iss langsam, das ist gesünder.	○	○	○
7. Wenn Sie täglich Obst *verzehren*, haben Sie genug Vitamin C.	○	○	○
8. Entweder hat er Hunger, oder er mag deine Spaghetti. Auf jeden Fall *schaufelt* er sie ganz schön *in sich hinein*.	○	○	○
9. Wünschen die Herrschaften heute drinnen oder draußen zu *speisen*?	○	○	○
10. Warum habe ich *mir den Bauch* nur so *vollgeschlagen*? Jetzt ist mir schlecht.	○	○	○

b Welche Ausdrücke aus a passen? Ergänzen Sie.

1. schnell und gierig essen: ____________________, ____________________
2. mit Mühe etwas essen, was man nicht mag: ____________________
3. so viel essen, dass man sich nicht mehr wohlfühlt: ____________________
4. zu viel Alkohol trinken: ____________________

3 Feste Vergleiche: Was passt? Verbinden Sie.

1. sehr wenig essen: essen wie ein ____ a) Loch
2. sehr fest schlafen: schlafen wie ein ____ b) Schneekönig
3. sehr viel und schnell essen: essen wie ein ____ c) Honigkuchenpferd
4. sich sehr freuen: sich freuen wie ein ____ e) Stein
5. sehr breit grinsen: grinsen wie ein ____ f) Spatz
6. sehr viel (Alkohol) trinken: trinken/saufen wie ein ____ g) Scheunendrescher

TIPP Der „Scheunendrescher" existiert nur in dieser Redewendung.

4 Wie ist die Stimmung?

a Welches Wort passt? Ergänzen Sie.

[lachen • Lachen (5x) • Gesicht • Kopf • Pudel • Elend • dastehen • ~~sein~~]

1. geknickt *sein*
2. den ______________ hängen lassen
3. sich kringeln vor ______________
4. fast sterben vor ______________
5. wiehern vor ______________
6. bedröppelt ______________
7. ein langes ______________ machen
8. prusten vor ______________
9. aussehen wie ein begossener ______________
10. aussehen wie ein Häufchen ______________
11. sich tot______________
12. sich vor ______________ nicht wieder einkriegen

b Welche Ausdrücke aus a sind positiv (😀) und welche negativ (☹)? Ordnen Sie zu.

😀 *1,* ______________________________ ☹ ______________________________

5 Ergänzen Sie die Verben aus 1 – 4 in der richtigen Form.

1. Wir sind ganz gemütlich durch die Stadt ______________ und haben die Schaufenster angesehen.
2. Hast du dir den Fuß verletzt? Du ______________ ja!
3. Wir haben versucht, nicht zu lachen, aber dann mussten wir doch los______________.
4. Ich bin wahnsinnig müde. Heute Nacht werde ich ______________ wie ein Stein.
5. Ah! Was für ein Schreck. Ich habe dich nicht kommen hören. Warum ______________ du dich so an?
6. Was ist mit dem Mann da vorne los? Er geht nicht gerade, sondern ______________ hin und her.
7. Ich fand den Witz gar nicht so lustig, aber meine Schwester konnte sich vor Lachen gar nicht wieder ______________.
8. Hast du heute nicht gefrühstückt? Du ______________ ja wie ein Scheunendrescher!

3 Gegenstände

1 Was passt? Verbinden Sie und schreiben Sie das passende Kompositum.

1. Eine Flasche hat einen ____ a) Fuß. ____________________
2. Ein Tisch oder ein Stuhl hat ____ b) Arme. ____________________, ____________________
3. Ein Buch hat einen _1_ c) Hals. der Flaschenhals
4. Eine Lampe hat einen ____ d) Kopf. ____________________
5. Ein Leuchter hat mehrere ____ e) Beine. ____________________
6. Ein Nagel hat einen ____ f) Rücken. ____________________

2 Komposita verstehen: Lesen Sie die Erklärungen und ordnen Sie zu.

die Klette

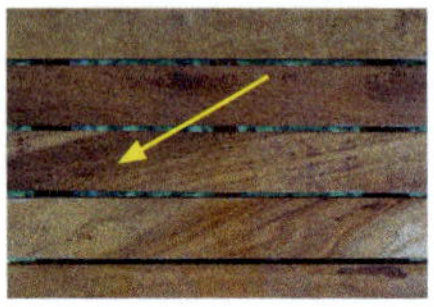
die Leiste

etwas binden/ schnüren

sich abstützen/ anlehnen

ziehen/reißen

[die Steckerleiste • der Klettverschluss • das Schnürband • die Kopflehne • die Knopfleiste • die Rückenlehne • der Schnürstiefel • der Reißverschluss • die Armlehne]

1. ____________________

2. ____________________

3. ____________________

4. ____________________

5. ____________________

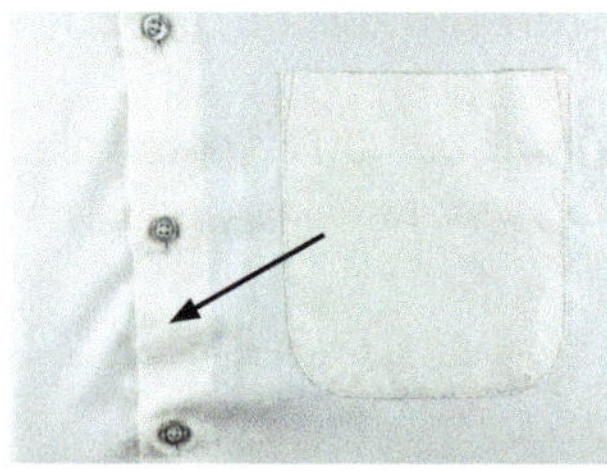
6. ____________________

7. ____________________

8. ____________________

9. ____________________

TIPP Für einige Wörter gibt es Synonyme: *Steckerleiste = Mehrfachsteckdose, Schnürband = Schnürsenkel, Kopflehne = Kopfstütze.*

3 Ober- und Unterbegriffe: Bilden Sie Wörter und sortieren Sie sie in die Tabelle. Schreiben Sie auch die Artikel.

Geschirr- Eck- Hänge- Schaukel- Strick- Bett- Couch- Küchen- Stab- Hosen- Bade- Schaum- Rollkragen- Tisch- Schnee- Wasser- Seiden- Bohr- Filz- Ketten- Brat-

-tisch -bank -träger -jacke -tuch -pulli -stuhl -sessel -pantoffel -decke -handtuch -mantel -pfanne -laken -waage -maschine -mixer -besen -kelle -schaufel -maschine -säge

Möbelstücke	Kleidungsstücke	Werkzeuge	Küchenutensilien	Heimtextilien
die Eckbank				

TIPP Die Bedeutung eines Kompositums lässt sich nicht immer auf die Bestandteile zurückführen: *der Schnee + der Besen = der Schneebesen.*

4 Womit kann man das machen? Ergänzen Sie Wörter aus 3.

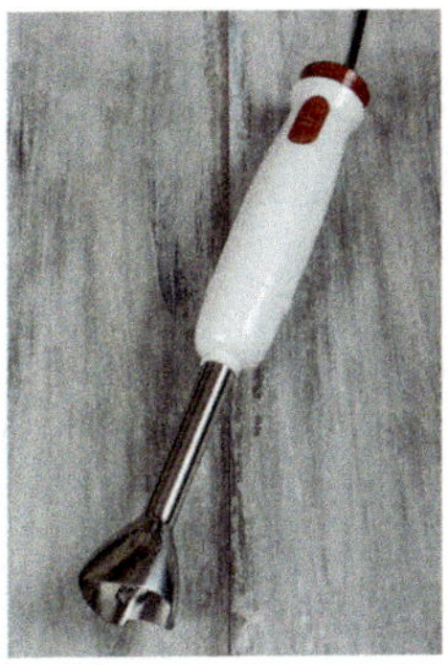

1. Sahne schlagen: ______
2. einen Baum fällen: ______
3. Schnee schaufeln: ______
4. ein Loch in die Wand bohren: ______
5. überprüfen, ob etwas gerade ist: ______
6. nach dem Abspülen abtrocknen: ______
7. gemütlich schaukeln: ______, ______
8. etwas pürieren: ______, ______

5 Einfache Komposita: Ergänzen Sie.

1. Damit mäht man den Rasen: *der Rasenmäher*
2. Damit kocht man Reis: ______
3. Damit schält man Gemüse: ______
4. Damit kann man Farbe verdünnen: ______
5. Damit kann man ein Fahrrad lenken: ______

2 Eigenschaften und Gefühle

Eigenschaften: Aussehen

das Allerweltsgesicht, -er
die Hakennase, -n
die Sommersprosse, -n
die Gaunervisage, -n
der Haaransatz, ¨-e
der Hüne, -n

> der Hüne = der Riese, fast nur in der männlichen Form verwendet

die Mandelaugen (nur Pl.)
die Rehaugen (nur Pl.)
der Schmollmund, ¨-er
die Stupsnase, -n
die Falte, -n

athletisch (die Figur, der Körper, die Statur)
fliehend (das Kinn, die Stirn)
gedrungen (die Gestalt, der Wuchs)
hager (die Statur, die Gestalt)
knochig (die Person, die Hände)
kugelrund (der Bauch, der Kopf, die Augen)
lückenlos (der Haaransatz)
makellos (die Haut, der Teint, die Zähne)
markant (das Gesicht, das Kinn, das Merkmal)
schief (die Zähne, die Nase, das Lächeln)
schlaksig (die Statur, die Person)
schmächtig (der Wuchs, die Statur)
schütter (die Haare)
wohlgenährt (die Person)
zierlich (die Person, die Statur)

Eigenschaften: Charakter

angsteinflößend = beängstigend = furchterregend
antriebsarm = phlegmatisch = träge
blauäugig = gutgläubig = treuherzig
hinterhältig = heimtückisch = verschlagen
provokant = streitsüchtig = zänkisch

der Spaßvogel, ¨
die Nervensäge, -n
die Stimmungskanone, -n
der Angsthase, -n
die Naschkatze, -n
der Bücherwurm, ¨-er
die Leseratte, -n
die Schlafmütze, -n
der Schmutzfink, -en
die Stimmungskanone, -n
der Putzteufel, -
der Dummkopf, ¨-e
die Intelligenzbestie, -n
das Arbeitstier, -e
der Faulpelz, -e
der Frühaufsteher, -/die Frühaufsteherin, -nen
die Nachteule, -n
der Partylöwe, -n
der Stubenhocker, -/die Stubenhockerin
der Glückspilz, -e
der Pechvogel, ¨

> Natürliches und grammatikalisches Geschlecht: Eine Frau kann ein Glückspilz sein, ein Mann eine Nachteule.

Gefühle

die Ausgelassenheit = der Übermut
der (emotionale) Beistand
das Einfühlungsvermögen = die Sensibilität
das Fingerspitzengefühl
die Gelassenheit = der Gleichmut
der Frohsinn
der Hochmut
der Kummer
die Trübseligkeit = der Schwermut
die Nostalgie = die Wehmut
das Taktgefühl
der Wagemut

> Die meisten **Gefühle** haben keinen Plural. Ausnahme: *die Ängste*.

affektiv
angemessen (die Reaktion, der Umgang mit etw.)
kognitiv
missgünstig
niedergeschlagen
verstandesmäßig

jmdn. ab|lenken
jmdn. bedauern
jmdn. befallen (ein bestimmtes Gefühl)
sich in jmdn. hinein|versetzen
etw. nach|empfinden/nach|vollziehen/nach|fühlen
(Emotionen, Gefühle)
jmdm. widerfahren
jmdn. überfallen (starke Gefühle)
jmdm. Trost spenden
Leid erfahren
jmds. Perspektive ein|nehmen
mit jmdm. gehen die Pferde durch
im siebten Himmel schweben
vor Neid erblassen
vor Wut schäumen

> **Ausrufe:** Neben Wörtern wie *verdammt* oder *Mist* gibt es auch kurze Ausrufe wie z. B. *Igitt!* (Ekel), *Aha!* (Verstehen), *Juhu/Au ja!* (Begeisterung), *Na-na-na-na-na! / Ha Ha!* (Schadenfreude) oder *Hä?!* (Unverständnis).

> Einige **Gefühle** sind **mit Farben** verbunden, z. B.: *etwas durch eine rosarote Brille sehen, gelb/grün vor Neid werden, der graue Alltag, (vor Wut) rotsehen, schwarzsehen.*

1 Wiederholung

1 Was passt? Mehrere Antworten können richtig sein.

1. Wenn jemand mager ist, ist er oder sie …
   - ◯ a sportlich.
   - ◯ b hoch gewachsen.
   - ◯ c sehr dünn.

2. Welche Haarfarben gibt es?
   - ◯ a Grau und Weiß
   - ◯ b Gelb und Ocker
   - ◯ c Brünett und Blond

3. Wie kann der Gesichtsausdruck einer Person sein?
   - ◯ a düster
   - ◯ b schwarz
   - ◯ c dunkel

4. Wer nicht viel Farbe im Gesicht hat, ist …
   - ◯ a grau.
   - ◯ b hell.
   - ◯ c blass.

2 Charaktereigenschaften: Finden Sie sieben Wörter und ergänzen Sie.

SDFZUVERLÄSSIGDFGZMMISSTRAUISCHUZTVCHARMANTDFGZGEDULDIGUGK

ÖMUTIGFGZZAUFGESCHLOSSENFGHOIEMPFINDLICHVBOS

1. Wer andere leicht um den Finger wickelt und sie für sich gewinnt, ist ________________.
2. Wer ruhig warten kann, auch wenn etwas länger dauert, ist ________________.
3. Wer eine dünne Haut hat und leicht etwas persönlich nimmt, ist ________________.
4. Wer hält, was er oder sie versprochen hat, ist ________________.
5. Wer offen auf andere zugeht, ist ________________.
6. Wer an anderen zweifelt und wenig Vertrauen hat, ist ________________.
7. Wer seine Angst besiegt und sich einer Situation stellt, ist ________________.

3 Ist das Gefühl positiv (😀) oder negativ (☹️)? Markieren Sie.

	😀	☹️
1. Vorfreude	◯	◯
2. Eifersucht	◯	◯
3. Ekel	◯	◯
4. Verliebtheit	◯	◯
5. Verlegenheit	◯	◯
6. Verzweiflung	◯	◯
7. Trost	◯	◯
8. Erleichterung	◯	◯
9. Geborgenheit	◯	◯
10. Hilflosigkeit	◯	◯
11. Wut	◯	◯
12. Dankbarkeit	◯	◯

4 Was passt? Markieren Sie. Mehrere Lösungen können richtig sein.

1. eine Gänsehaut bekommen vor *Neid / Kälte / Angst / Langeweile*
2. in Tränen ausbrechen vor *Vertrauen / Wut / Trauer / Erleichterung*
3. zittern vor *Sehnsucht / Scham / Anspannung / Stress*
4. jemandem den Atem verschlagen vor *Entspannung / Überraschung / Ruhe / Schreck*
5. Herzklopfen haben vor *Aufregung / Enttäuschung / Genervtheit / Verliebtheit*

TIPP Unkontrollierbare körperliche Reaktionen werden mit *vor* + Nomen (ohne Artikel) begründet.

2 Eigenschaften

1 Lesen Sie den Kommentar und ergänzen Sie das Gegenteil.

Warum so makellos?

Mögen Sie auch gern markante Gesichter? So Typen mit langer Nase und finsterem Blick? Und wenn sie lachen, fehlt der eine oder andere Zahn? Leider sieht man sie immer seltener. Wo sind bloß all die Gaunervisagen, Hakennasen, schiefen Zähne, Falten und Sommersprossen geblieben?

Egal ob in Filmen, Musikvideos oder in den sozialen Medien, auf Plakaten, Büchern oder Zeitschriften: Alle sehen immer so perfekt aus. Und so gleich. Frauen haben nur noch makellose Haut, eine kleine Stupsnase, einen Schmollmund und Rehaugen. Männer haben ein markantes Kinn und einen lückenlosen Haaransatz (bis ins hohe Alter), die Zähne schneeweiß und einer brav neben dem anderen. Hübsch, aber total langweilig. Allerweltsgesichter, die man niemals wiedererkennen würde. Das ist doch schade!

1. ein fliehendes Kinn ≠ ein _markantes_ Kinn
2. gerade Zähne ≠ ________ Zähne
3. die makellose Haut ≠ ________ und ________
4. schütteres Haar ≠ ein ________ Haaransatz
5. die Stupsnase ≠ die ________
6. schmale Lippen ≠ ein ________
7. Mandelaugen ≠ ________
8. eine Gaunervisage ≠ ein ________

2 Lesen Sie und ordnen Sie die kursiven Wörter den Erklärungen zu.

Familienporträt

In unserer Familie sehen alle unterschiedlich aus. Meine Mutter ist klein und *zierlich*, ihre Schwester eher *gedrungen*. Groß sind sie beide nicht. Dafür ist mein Vater ein *Hüne*, fast zwei Meter groß. Meine große Schwester ist gerade ein Stück gewachsen und dabei etwas *schlaksig* geworden. Mein kleiner Bruder ist recht *schmächtig*, er ist der Kleinste in seiner Klasse. Und dann ist da noch unsere alte Hündin: *hager* und *knochig*, kaum ein Gramm Fett, aber noch total fit. Unser Kater dagegen ist *kugelrund*, oder wie meine Mutter immer sagt: *wohlgenährt*. Und ich? Mich selbst würde ich als *athletisch* beschreiben.

klein	groß	dick	dünn
+ schlank (positiv) _zierlich_ (1)	+ stark der ________ (2)	+ Form einer Kugel ________ (3)	+ lang ________ (4)
+ schlank + schwach (negativ) ________ (5)	+ langgliedrig ________ (6)	+ gesund ________ (7)	+ sichtbare Knochen ________ (8)
+ kräftig ________ (9)	+ sportlich ________ (10)		

3 Sortieren Sie die Adjektive.

[angsteinflößend • antriebsarm • blauäugig • beängstigend • furchterregend • gutgläubig • heimtückisch • hinterhältig • phlegmatisch • provokant • streitsüchtig • träge • treuherzig • verschlagen • zänkisch]

unehrlich, gemein	naiv	faul	bedrohlich	auf Streit aus

4 Welche Erklärung passt? Verbinden Sie.

1. Ein Spaßvogel
2. Eine Nervensäge
3. Eine Stimmungskanone
4. Ein Angsthase
5. Eine Naschkatze
6. Eine Schlafmütze
7. Ein Bücherwurm/eine Leseratte

___ a) liest sehr gern.
___ b) ist sehr lustig.
___ c) fürchtet sich oft.
___ d) mag Süßigkeiten.
___ e) ist oft nicht ganz wach.
___ f) ist eine anstrengende Person.
___ g) schafft es immer, dass alle fröhlich sind.

5 Was passt? Ergänzen Sie.

[-eule • -vogel • -hocker • -teufel • -pelz • -bestie]

1. der Stuben__________________
2. die Intelligenz__________________
3. der Putz__________________
4. der Faul__________________
5. die Nacht__________________
6. der Pech__________________

6 Ergänzen Sie die Wörter aus 5 in der richtigen Form.

1. Ein Schmutzfink sollte nicht mit einem __________________ zusammenleben. Das gibt nur Streit.
2. Dass jemand kein Dummkopf ist, bedeutet nicht automatisch, dass die Person eine __________________ ist.
3. Wer selbst ein Arbeitstier ist, ärgert sich leicht über einen __________________ – und andersherum.
4. Wenn der Frühaufsteher morgens aufsteht, ist die __________________ vielleicht noch wach.
5. Der Partylöwe kennt viele Menschen – aber wahrscheinlich nicht den __________________, denn der sitzt zu Hause.
6. Einige Leute haben einfach mehr Glück als andere: Es gibt Glückspilze und __________________.

3 Gefühle

1 Empathie

a Lesen Sie und markieren Sie sechs Verben, die bedeuten, dass jemand die Gefühle einer anderen Person mitfühlt.

Was ist eigentlich... Empathie?

Empathie ist die Fähigkeit, *sich* in die Gefühle anderer *hineinzuversetzen*. Diese Form des *Einfühlungsvermögens* ist jedoch nicht gleichbedeutend mit Mitleid.

Im Wesentlichen geht es bei der Empathie darum, die Emotionen anderer Personen *nachzuempfinden* und *nachzuvollziehen*. Andererseits gehört aber auch die Fähigkeit dazu, angemessen auf die Gefühle anderer zu reagieren: *Trost zu spenden*, Freude oder Ärger zu *teilen* oder einschätzen zu können, ob guter Ratschlag gerade gefragt ist oder auch nicht. Mitleid hingegen bedeutet, dass wir eine andere Person *bedauern*. Dazu müssen wir ihre Gefühle aber nicht teilen: Wenn sich jemand vor einer Spinne ekelt, die wir selbst nicht eklig finden, sind wir nicht empathisch. Um aber der anderen Person ihren Ekel oder ihre Angst zu nehmen, bringen wir die Spinne vielleicht weg, denn wir möchten, dass sich die andere Person wieder wohlfühlt.

Wissenschaftler*innen unterscheiden zwei Arten von Empathie: die *affektive* und die *kognitive*. Die affektive Empathie ist eine Art *emotionale Sensibilität*, die es uns ermöglicht, die Gefühle anderer *nachzufühlen*: Zu erleben, wie jemand *Leid erfährt*, erfüllt uns selbst mit *Kummer*, mitzuerleben, wie jemandem etwas Gutes widerfährt, mit *Frohsinn*. Bei der kognitiven Empathie ist das anders: Hierbei geht es um die Fähigkeit, die Gefühle einer Person *verstandesmäßig* nachzuvollziehen und dabei auch deren *Perspektive einnehmen* zu können. Diese Art von Taktgefühl oder Fingerspitzengefühl lässt uns in Situationen, in denen andere emotionalen Beistand benötigen, angemessen reagieren.
Ein Beispiel: Jemand erlebt gerade eine unschöne Trennung. Die affektive Empathie lässt uns Enttäuschung, Wut und Ohnmachtsgefühle der Person teilen. Die kognitive Empathie ermöglicht uns, zuzuhören, Ratschläge zu geben oder die Person von ihrer Trauer *abzulenken* – gerade in dem Maße, wie es ihr oder ihm guttut.

TIPP *Jemand beweist Fingerspitzengefühl. Eine Situation erfordert/verlangt Fingerspitzengefühl:* Fingerspitzengefühl ist ein feines Gefühl für das Empfinden anderer, v. a. in schwierigen Situationen.

b Welcher kursive Ausdruck aus a passt? Ergänzen Sie.

1. Mitleid für jemanden empfinden: ______________________
2. eine Situation aus der Sicht von jemandem erleben: ______________________
3. die Fähigkeit, sensibel auf die emotionalen Bedürfnisse anderer einzugehen: ______________________, ______________________
4. jemanden auf andere Gedanken bringen: ______________________
5. jemanden trösten: ______________________
6. gefühlsmäßig: ______________________, ______________________
7. verstandesmäßig: ______________________
8. Fröhlichkeit: ______________________
9. leiden: ______________________
10. Feinfühligkeit: ______________________
11. Trauer: ______________________

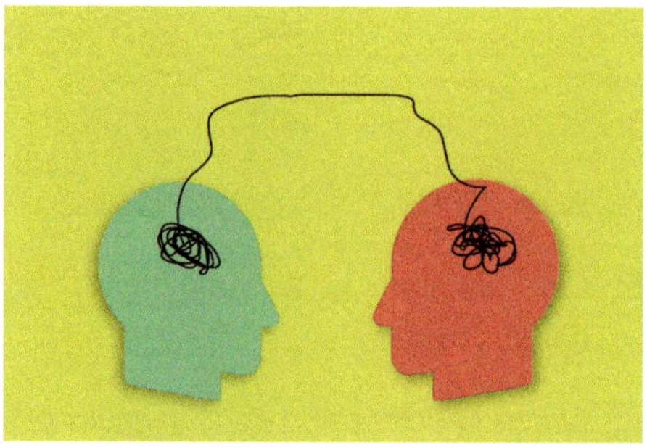

2 Welcher Ausruf passt? Verbinden Sie.

1. Aha!	___ a) Ekel
2. Igitt!	___ b) Ärger
3. Verdammt!	___ c) plötzliches Verstehen
4. Hä?!	___ d) Freude, Begeisterung
5. Juhu! / Au ja!	___ e) Schadenfreude
6. Na-na-na-na-na! / Haha!	___ f) Unverständnis

Igitt! Was soll das denn sein?!

3 Gefühle haben Farben. Wählen Sie die richtigen.

1. Wer verliebt ist und im siebten Himmel schwebt, sieht alles durch eine ◯ lila ◯ rosarote Brille.
2. Wer sehr missgünstig ist, kann vor Neid erblassen, aber auch ◯ grau oder türkis ◯ gelb oder grün werden.
3. Wer sich oft langweilt, leidet unter dem ◯ grauen ◯ blauen Alltag.
4. Wer vor Wut schäumt, sieht ◯ rot ◯ orange.
5. Wer einen pessimistischen Blick auf die Welt hat, sieht ◯ dunkel ◯ schwarz für die Zukunft.

4 Wörter mit *-mut*

a Wie lautet das Synonym? Ergänzen Sie.

[Schwer- • Wage- • Über- • Weh- • Über- • Hoch- • Gleich-]

1. die Gelassenheit	der ___________mut	4. die Überheblichkeit	der ___________mut
2. die Ausgelassenheit	der ___________mut	5. die Nostalgie	die ___________mut
3. die Risikobereitschaft	der ___________mut	6. die Trübseligkeit	der ___________mut

b Ergänzen Sie die Wörter mit *-mut* aus a.

1. Mit der Pizzafahrerin waren die Pferde durchgegangen: Im Rausch der Geschwindigkeit fuhr sie auf ihrem neuen E-Bike so schnell, wie sie konnte. Vor lauter ________________ überfuhr sie sogar eine rote Ampel.
2. Die Brokerin setzte alles auf eine Karte und machte richtig Profit. ________________ zahlt sich eben manchmal aus.
3. Der Autor konnte nicht mehr schreiben. Eine tiefe ________________ hatte ihn befallen, und er verbrachte viel Zeit des Tages damit, niedergeschlagen vor sich hinzustarren und nichts zu tun.
4. Mit bewundernswertem ________________ griff der Fahrlehrer dem Fahrschüler immer wieder ins Lenkrad und mahnte ihn mit ruhiger Stimme, nicht in die parkenden Autos zu fahren.
5. Immer, wenn sie das Meer sieht und die Möwen kreischen hört, überfällt sie eine ________________, die sie nicht erklären kann. Als ob in der Weite des Ozeans etwas auf sie wartete.

3 Kommunikation und Medien

Kommunikation

geheimniskrämerisch
geschwätzig
gesprächig
mitteilsam
mitteilungsbedürftig
redselig
schlagfertig
schweigsam
verschwiegen
in sich gekehrt

etw. bejahen
jmdn. beknien
etw./jmdn. belächeln
etw./jmdn. belauschen
jmdn. beschimpfen
etw. bestreiten
etw. beteuern
etw. bezeugen
etw. bezweifeln
johlen
kreischen
lallen
lästern (über jmdn./etw.)
meckern (über jmdn./etw.)
murmeln (vor sich hin)
nörgeln (an etw. herum-)
quatschen (mit jmdm.)
schwatzen (mit jmdm.)
stottern
tratschen (über jmdn.)
tuscheln (mit jmdm.)

ein Gedicht vor|tragen
jmdn. in ein Gespräch verwickeln
eine Erklärung ab|geben
ein Geheimnis lüften
ein Geständnis ab|legen
eine Nachricht überbringen
einen Einwand vor|bringen
Fragen auf|werfen

jmdn. auf den Arm nehmen
den Faden verlieren
Haare auf den Zähnen haben
die Katze aus dem Sack lassen
einen Korb bekommen
jmdn. vor den Kopf stoßen
nicht auf den Mund gefallen sein
den Mund ganz schön voll nehmen
die Ohren spitzen
seine schmutzige Wäsche in der Öffentlichkeit waschen
jmdm. auf den Schlips treten

Medien

Kontakte

- einen Kontakt vermitteln / knüpfen / aufrechterhalten / pflegen
- den Kontakt abbrechen / suchen / verlieren
- Kontakt aufnehmen / herstellen

der Algorithmus, Algorithmen
die Auszeit, -en
das Belohnungssystem, -e
der Diskurs, -e
die Entgiftung, -en
die Fragmentierung, -en
die Polarisierung, -en
die Prognose, -n
das soziale Netzwerk, -e
der Streamingdienst, -e
der Suchbegriff, -e
das Suchtpotenzial, -e

gesamtgesellschaftlich
gleichgesinnt
selektiv

etw. ab|leiten
von etw. ab|weichen
etw. aus|blenden
sich aus|loggen
in etw. bestehen (der Unterschied, der Zweck)
etw. checken (Mails, Daten, Informationen)
etw. designen
sich ein|loggen
etw. filtern
etw. generieren
jmdn. mit etw. konfrontieren
aus etw. resultieren
sich verlagern
etw. aus der Hand legen
etw. mit allen Sinnen wahrnehmen

1 Wiederholung

1 Ergänzen Sie das passende Präfix.

1. Wenn man jemanden von etwas überzeugt, redet man der Person etwas _______.
2. Wenn man jemanden davon überzeugt, etwas nicht zu tun, redet man der Person die Sache _______.
3. Wenn man etwas wichtiger, extremer oder schlimmer darstellt, als es ist, _______treibt man.
4. Wenn man etwas als weniger wichtig, extrem oder schlimm darstellt, als es ist, _______treibt man.
5. Wenn man jemanden falsch versteht, _______versteht man die Person.

2 Was passt? Markieren Sie. Mehrere Lösungen können richtig sein.

1. *einen Eindruck / eine Frage / Wissen* vermitteln
2. *einer Antwort / einer Frage / einer Diskussion* ausweichen
3. sich in *ein Gespräch / ein Argument / einen Streit* einmischen
4. *einen Aspekt / ein Thema / eine Person* ansprechen
5. auf *Kritik / Unverständnis / Interesse* stoßen
6. *einen Ausdruck / ein Gespräch / eine Meinung* vertreten
7. *eine Rede / eine Meinung / einen Vortrag* halten
8. *Zweifel / ein Gespräch / ein Interview* führen

3 Lesen Sie und ordnen Sie die kursiven Wörter ihren Synonymen zu.

Wir *liken Posts*, *sharen Selfies* oder diskutieren mit anderen *User*innen*: *Social Media* sind für viele von uns längst Teil des Alltags geworden. Weltweit haben über 4 Milliarden Menschen einen *Account*, den sie regelmäßig nutzen. Außerhalb der sozialen Medien gibt es zahlreiche weitere Internet-Plattformen und -Dienste, die viele täglich besuchen bzw. in Anspruch nehmen. In Deutschland verbringen die Menschen im Durchschnitt etwas mehr als 50 Stunden in der Woche im Internet. Sie *streamen* Filme, lesen *Blogs*, folgen *Influencer*innen* oder treffen sich auf *Gaming*-Plattformen.

1. teilen = ____________________
2. die sozialen Medien = ________________________
3. der Beitrag = der ________________
4. das Spielen (am Computer) = das ______________________
5. der Nutzer/die Nutzerin = der ____________ / die ____________
6. das (Nutzer*innen-)Konto = der _____________________

TIPP Für viele Wörter zum Thema Internet gibt es ein deutsches und ein englisches Wort. Die englischen Verben werden oft mit deutschen Endungen verwendet: *streamen – ich habe gestreamt, liken – ich habe geliked.*

2 Kommunikation

1 Synonyme zu *sprechen*: Ordnen Sie zu.

[johlen • kreischen • lallen • lästern • meckern • murmeln • nörgeln • schwatzen • stottern • tratschen • tuscheln]

schreien	flüstern, leise sprechen	sich unterhalten	Gerüchte verbreiten	sich beschweren	undeutlich sprechen

2 Ergänzen Sie das passende Verb mit *be-*.

1. „Ja" zu etwas sagen → etwas *bejahen*
2. als Zeuge/Zeugin sagen, wie etwas passiert ist → etwas be__________
3. jemanden inständig (= auf Knien) bitten → jemanden be__________
4. (spöttisch oder abfällig) über etwas lächeln → etwas be__________
5. Zweifel an etwas haben oder äußern → etwas be__________
6. etwas versichern, was einem wichtig (= teuer) ist → etwas be__________
7. jemandem Schimpfwörter an den Kopf werfen → jemanden be__________
8. abstreiten, dass etwas passiert ist → etwas be__________
9. jemandem heimlich zuhören (= lauschen) → jemanden be__________

3 Ergänzen Sie Verben aus 1 und 2 in der richtigen Form.

Vor Kurzem im Stadion

Beim Fußballspiel stand es 0:1. Dann plötzlich: Tor! Tor! 1:1! Die Menge __________ (1). Doch die Schiedsrichterin erkannte das Tor nicht an – Abseits. Die Spielerin __________ (2) vehement, dass sie aus dem Abseits geschossen hatte. Doch die Schiedsrichterin blieb unnachgiebig, selbst als die ganze Mannschaft sie __________ (3) und anflehte, das Tor gelten zu lassen.

Auf der Tribüne waren die Fans unzufrieden: Sie __________ (4) und __________ (5). Eine Zuschauerin, die bereits viel Bier getrunken hatte, __________ (6) hörbar, als sie Schimpfwörter in Richtung des Spielfelds ausstieß. Daraufhin gingen mehrere Sicherheitsleute auf sie zu und wiesen sie darauf hin, dass sie die Schiedsrichterin nicht __________ (7) sollte. Die Frau setzte sich sofort wieder hin und __________ (8) erschrocken eine Entschuldigung.

4 Feste Verbindungen: Ergänzen Sie die Verben in der richtigen Form.

[abgeben • ablegen • aufwerfen • lüften • überbringen • verwickeln • vorbringen • vortragen]

Die Hochzeitsfeier
Die Hochzeitsgesellschaft sitzt am Tisch, es herrscht Getuschel, Gemurmel und Plauderei. Die Mutter der Braut möchte aufstehen und ein Gedicht ________________ (1). Doch der Vater des Bräutigams versucht, die Braut in ein Gespräch zu ________________ (2), sodass diese nicht zuhört. Plötzlich steht der Bruder des Bräutigams auf und kündigt an, dass er eine Erklärung ________________ (3) möchte. Es gebe ein Geheimnis, dass er ________________ (4) möchte. Der Bräutigam springt ebenfalls auf: Er wolle selbst erklären, was passiert ist, er müsse ein Geständnis ________________ (5). Auf einmal sind alle sehr aufmerksam. Aus der Küche kommt eine Kellnerin. Sie müsse leider die Nachricht ________________ (6), dass es mit dem Essen noch etwas dauert. Die Braut nickt ungeduldig und wendet sich sofort wieder ihrem Mann zu. „Du musst zugeben, dass dein Verhalten einige Fragen ________________ (7), mein Schatz. Ich bin gespannt, was du zu sagen hast, denn nun ist es zu spät, noch Einwände gegen die Eheschließung ________________ (8)."

5 Redewendungen: Was passt? Verbinden Sie.

1. Sie ist schlagfertig.
2. Du machst große Ankündigungen.
3. Sie streitet gern und lässt sich nichts gefallen.
4. Sie spricht öffentlich über Privates.
5. Ich hoffe, er ist nicht beleidigt.
6. Ich weiß nicht mehr, was ich sagen wollte.
7. Ist das dein Ernst? Oder erzählst du Quatsch?
8. Erzähl schon das große Geheimnis!
9. Er hörte sofort aufmerksam zu.
10. Sie sagt oft Dinge, die Menschen irritieren oder beleidigen.
11. Sie wollte mit ihm ausgehen, aber er hat nein gesagt.

___ a) Sie hat Haare auf den Zähnen.
___ b) Hoffentlich habe ich ihm nicht auf den Schlips getreten.
___ c) Willst du mich auf den Arm nehmen?
___ d) Sie ist nicht auf den Mund gefallen.
___ e) Sie wäscht ihre schmutzige Wäsche in der Öffentlichkeit.
___ f) Sie stößt die Leute oft vor den Kopf.
___ g) Du nimmst den Mund ganz schön voll.
___ h) Er spitzte sofort die Ohren.
___ i) Ich habe den Faden verloren.
___ j) Sie hat einen Korb bekommen.
___ k) Lass die Katze endlich aus dem Sack!

6 Welche dieser Adjektive bedeuten, dass jemand viel spricht? Markieren Sie.

◯ gesprächig ◯ schweigsam ◯ redselig ◯ mitteilsam
◯ geschwätzig ◯ geheimniskrämerisch
◯ verschwiegen ◯ kommunikativ ◯ in sich gekehrt ◯ mitteilungsbedürftig

3 Medien

1 Kontakte

a Was passt? Kreuzen Sie an.

(Den/Einen) Kontakt bzw. Kontakte kann man …

◯ aufrechterhalten	◯ pflegen	◯ produzieren	◯ knüpfen
◯ abbrechen	◯ bewegen	◯ öffnen	◯ machen
◯ suchen	◯ erledigen	◯ herstellen	◯ verlieren
◯ vermitteln	◯ bewahren	◯ aufnehmen	◯ schließen

b Ergänzen Sie die Verben aus a in der richtigen Form.

1. Ich war noch Jahre nach dem Abschluss mit Leuten aus meiner Klasse befreundet, aber irgendwie habe ich dann den Kontakt zu ihnen ____________________.
2. Wir haben uns gestritten, und ich möchte nichts mehr mit ihm zu tun haben. Ich habe den Kontakt ____________________.
3. Freundschaften erhalten sich nicht einfach von selbst. Man muss seine Kontakte schon aktiv ____________________, nur so kann man sie auf Dauer ____________________.
4. Ich ____________________ /____________________ gerade Kontakte zu interessanten Unternehmen, bei denen ich mich bewerben kann. – Interessante Unternehmen? Ich wüsste da was. Soll ich mal einen Kontakt ____________________ /____________________?

2 Was passt? Markieren Sie.

Digital Detox – die digitale *Auszeit/Freizeit* (1)

Digital Detox – auf Deutsch: digitale *Vergiftung/Entgiftung* (2) – bedeutet, für eine bestimmte Zeit auf digitale Medien zu verzichten, inklusive digitaler Netzwerke, *Algorithmen/Streamingdienste* (3) und der Lieblings-App. Sinn und Zweck der Pause ist, wieder ganz im *Hier und Jetzt/Jetzt und Nun* (4) sein zu können: mal nicht irgendwo *eingeloggt/ausgeloggt* (5) zu sein, keine Mails *abhören/checken* (6) zu müssen, nicht auf Likes zu warten.

Doch warum brauchen wir das eigentlich? Studien zufolge aktivieren Likes, Nachrichten und Kommentare *die Fragmentierung/das Belohnungssystem* (7) in unserem Gehirn – sie erzeugen Glücksgefühle. Damit verbunden ist ein gewisses *Suchtpotenzial/Vermeidungsverhalten* (8): Immer mehr Menschen finden es schwierig, das Smartphone für längere Zeit *aus der Hand zu legen/in die Hand zu nehmen* (9), nicht erreichbar zu sein, vielleicht etwas zu verpassen. Diese ständige Verfügbarkeit erzeugt Stress.

Stress, den wir uns eigentlich sparen können. Denn die Welt wird nicht untergehen, wenn wir mal eine Weile nicht erreichbar sind. Körperlich und psychisch profitieren wir davon, den Moment mit allen *Sinnen/Gefühlen* (10) wahrzunehmen – ohne Ablenkung oder Nebenbeschäftigung.

3 Lesen Sie den Text und ergänzen Sie die kursiven Ausdrücke.

Filterblase und Echokammer – Was ist der Unterschied?
Prozesse, die die eigene Meinung verstärken und *abweichende* Ansichten *ausblenden*: Filterblasen und Echokammern werden seit Anfang der 2010er Jahre diskutiert. Worin besteht der Unterschied?

Filterblasen sind primär ein technisches Phänomen: Soziale Netzwerke sind grundsätzlich so *designt*, dass die Nutzerinnen und Nutzer möglichst viel Zeit dort verbringen. Eine Technik, um sie zu binden: Die Inhalte werden so *gefiltert*, dass sie wahrscheinlich ihren Interessen entsprechen. Dadurch wiederholen sich bestimmte Themen, während andere nicht angezeigt werden. *Algorithmen* entscheiden, wie die Inhalte ausgewählt werden. Dasselbe gilt für Suchmaschinen: Zwei unterschiedliche Personen erhalten mit demselben *Suchbegriff* wahrscheinlich unterschiedliche Ergebnisse. Die Algorithmen vergleichen die gesammelten Daten mit denen ähnlicher Nutzer*innen, schlagen ähnliche Produkte vor wie die, die bereits vorher gesucht wurden, oder zeigen Produkte, die Kontakte in sozialen Netzwerken gekauft haben. Aus diesen Daten *leiten* sie *Prognosen* zum Konsumverhalten *ab* und *generieren* ihre Angebote. So verfestigt sich ein Bild von der Realität, das wir als „normal" empfinden – obwohl es viele andere Realitäten ausblendet.

Bei der Echokammer geht es stärker um die gesellschaftliche *Polarisierung*, die *daraus resultiert*, dass sich Nutzer*innen verstärkt mit *Gleichgesinnten* austauschen und kaum *mit* abweichenden Meinungen *konfrontiert* werden. Die öffentliche Kommunikation *verlagert sich* dabei in „Kammern" – also kleine, isolierte Räume – was zu einer Fragmentierung führt. Diese *Fragmentierung* ist für viele Nutzer*innen nicht sichtbar: Ihnen ist nicht bewusst, dass Inhalte *selektiv* angezeigt werden. Es wird befürchtet, dass Echokammern eine Gefahr für den *gesamtgesellschaftlichen Diskurs* darstellen.

1. etwas unsichtbar machen = etwas ______________________________
2. anders sein als etwas, was man gewohnt ist = von etwas __________________________
3. etwas gestalten = etwas _____________________
4. etwas erzeugen = etwas _____________________
5. eine Vorhersage zu einem voraussichtlichen Verlauf = die ________________________
6. ein Schlagwort, unter dem man Informationen finden möchte = der __________________________
7. ein Rechenverfahren, mit dem man Probleme lösen kann = der ________________________
8. digitale Inhalte selektieren: Inhalte ___________________________
9. von bestimmten Informationen auf etwas schließen = etwas ____________________________
10. sich schwerpunktmäßig an einem anderen Ort konzentrieren = sich _______________________
11. das Ergebnis von etwas sein = aus etwas _________________________________
12. ein Prozess, bei dem die Extreme von etwas immer stärker werden = die ______________________
13. Personen, die eine ähnliche Meinung zu etwas haben = ________________________
14. jemanden mit etwas in direkten Kontakt bringen = jemanden mit etwas __________________________
15. die öffentliche Diskussion über ein Thema = der ____________________________
16. so, dass etwas ausgewählt wird = ___________________________
17. so, dass etwas alle Menschen einer Gesellschaft betrifft = _____________________________
18. das Zerbrechen in Einzelteile = die _______________________________

4 Landwirtschaft und Ernährung

Landwirtschaft

der Acker, ¨
der Ackerbau (nur Sg.)
die Agrarwirtschaft (nur Sg.)
die Artenvielfalt (nur Sg.)
das Düngemittel, -
das Fischmehl, -e
die Freilandhaltung (nur Sg.)
das Futtermittel, -
die Gülle (nur Sg.)
das Habitat, -e
der Hektar, -
der Lebensraum, ¨-e
die Monokultur, -en
das Nutztier, -e
das Pflanzenschutzmittel, -
der Schössling, -e
das Unkraut, ¨-er
die Vermehrung (nur Sg.)
die Viehzucht (nur Sg.)
die Weide, -n
der Weiher, -

forstwirtschaftlich / landwirtschaftlich: Betrieb, Erzeugnis, Nutzung, Fläche, Maschinen, Maßnahmen …

Gruppen von Tieren: die Herde (Rinder, Kühe, Schafe, Ziegen, Antilopen), das Rudel (Hirsche, Wölfe, Löwen), die Schar (Hühner, Enten, Wachteln), der Schwarm (Fische, Vögel, Insekten)

Landmaschinen: Melkmaschine, Mähdrescher, Feldspritze / Pflanzenschutzgerät, Güllepumpe, Pflanzmaschine, Viehtransporter

etw. dreschen (Korn, Getreide)
etw. mahlen (Getreide, Gewürze)
etw. melken (eine Kuh, ein Schaf, ein Kamel)
etw. pflügen (einen Acker, ein Feld, den Boden)

bellen (Hunde)
blöken (Schafe)
gackern (Hühner)
grunzen (Schweine)
gurren (Tauben)
kläffen (Hunde)
quaken (Enten, Frösche)
quieken (Schweine, Mäuse, Meerschweinchen)
schnattern (Enten, Gänse)
summen (fliegende Insekten wie Bienen)
zwitschern (Vögel)

Tiergeräusche: das Gebell, Geblöke, Gegacker, Gegrunze, Gegurre, Gekläff, Gequake, Gequieke, Geschnatter, Gesumme, Gezwitscher

Ernährung

das Bindegewebe (nur Sg.)
der Darm, ¨-e
das Mikrobiom (nur Sg.)
der Stoffwechsel, -
das Verdauungssystem, -e

die Ernährungsumstellung, -en
der Flächenverbrauch (nur Sg.)
die Massentierhaltung (nur Sg.)
die Lebenserwartung, -en
der Schlachthof, ¨-e
das Tierwohl (nur Sg.)
das Treibhausgas, -e
die Verteilungsgerechtigkeit (nur Sg.)
die Weidefläche, -n

die rote Bete, -n
der Chicorée (nur Sg.)
der Dill (nur Sg.)
der Fenchel (nur Sg.)
das Geflügel (nur Sg.)
die Gelatine (nur Sg.)
die Gerste (nur Sg.)
der Hafer (nur Sg.)
der Kardamom (nur Sg.)
der Kürbis, -se
der Krapfen, -
der Kreuzkümmel (nur Sg.)
die Nelke, -n
die Pute, -n
der Roggen (nur Sg.)
der Rosenkohl (nur Sg.)
der Spekulatius, -
der Tortenguss, ¨-e
das Vanillekipferl, -
der Weizen (nur Sg.)
der Zimtstern, -e

empfindungsfähig
erwiesenermaßen
trübe
(un)verdaulich

etw. an|dicken (Marmelade, Brei, Kompott)
etw. erschließen
etw. klären (Wein, Saft, Bier)
jmdn. sättigen
etw. verwerten

1 Wiederholung

1 Finden Sie acht Wörter und ordnen Sie zu. Schreiben Sie auch den Artikel.

FELDFUHPUTESIFTRAKTORREFZLANDWIRTINUDOGFSTALLDÖGIPFLUGSIGZGETREIDEAUGASRINDIL

1. ____________ 2. ____________ 3. ____________ 4. ____________

5. ____________ 6. ____________ 7. ____________ 8. ____________

2 Was passt? Ordnen Sie zu.

anpflanzen • schlachten • bewässern • ernten • füttern • halten • säen • tränken • treiben • anbauen • züchten (2x)

Pflanzenbau	Tierhaltung

3 Ihr Ernährungswissen ist gefragt! Verbinden Sie.

1. Backwaren, Nudeln und Kartoffeln enthalten vor allem
2. Sonnenblumenöl, Olivenöl und Butter bestehen hauptsächlich aus
3. Fisch, Fleisch und Hülsenfrüchte versorgen uns mit
4. Frisches Obst und Gemüse enthalten viele
5. Aus Salz, Milch, Nüssen und vielen andere Lebensmitteln zieht der Körper

___ a) Fett.
___ b) Mineralstoffe.
___ c) Kohlenhydrate.
___ d) Proteinen oder Eiweiß.
___ e) Vitamine und Ballaststoffe.

4 Mit welchen Verben kann man Zutaten oder Inhaltsstoffe angeben? Markieren Sie.

- ◯ etwas enthalten
- ◯ etwas bilden
- ◯ aus etwas bestehen
- ◯ etwas einhalten
- ◯ sich von etwas ernähren
- ◯ sich aus etwas zusammensetzen

2 Landwirtschaft

1 Lesen Sie den Text und ordnen Sie zu.

https://www.sonnenhof-betrieb.de

Der Sonnenhof – Wir über uns

In unserem landwirtschaftlichen Betrieb betreiben wir sowohl Ackerbau als auch Viehzucht. Auf fast 150 Hektar Fläche produzieren wir eine große Bandbreite landwirtschaftlicher Erzeugnisse – eine Herausforderung in der heutigen Agrarwirtschaft, deren Trend immer mehr zur Spezialisierung geht.

Unser Gemüse – zum Beispiel Kartoffeln, Lauch, Möhren und verschiedene Kohlarten – bauen wir auf 20 Hektar an. Dabei halten wir uns streng an die Vorgaben des ökologischen Landbaus und verzichten auf jede Form von Pflanzenschutzmitteln und künstlichen Düngemitteln. Außerdem produzieren wir auf unseren Äckern auch das Futter für unsere Tiere. Unsere Nutztiere – Schweine, Rinder und Puten – werden nur mit dem gefüttert, was wir selbst produzieren. Fischmehl, Sojamehl oder andere künstliche Futtermittel gibt es bei uns nicht. Außerdem legen wir viel Wert auf Freilandhaltung. Unsere Tiere bekommen Licht, Luft und Bewegung.

Zu unserem Betrieb gehören rund 10 Forellenweiher, in denen wir Fischzucht betreiben, und 80 Hektar Wald, den wir forstwirtschaftlich nutzen. Dabei legen wir, wie bei all unserer Arbeit, Wert auf Artenvielfalt: Statt auf Monokulturen von Fichten oder Buchen setzen wir auf eine Mischung aus Eichen, Ahorn, Kastanien und Nussbäumen. So entsteht ein gesunder Wald und damit auch ein naturnaher Lebensraum für verschiedene Wildtiere.

1. der Anbau von Pflanzen auf Feldern: der ____________________
2. die Haltung von Nutztieren inklusive ihrer Vermehrung: die ____________________
3. eine Fläche von 100 x 100 m: ein ____________________
4. das Produkt: das ____________________
5. eine Substanz, die Unkraut oder Pilze tötet: das ____________________
6. die Landwirtschaft: die ____________________
7. eine Substanz, die Pflanzen schneller wachsen lässt: das ____________________
8. ein Feld, das landwirtschaftlich bearbeitet und meist gepflügt wird: der ____________________
9. Tiere, deren Ressourcen vom Menschen genutzt werden: die ____________________
10. ein Pulver, das aus gemahlenen Fischbestandteilen besteht: das ____________________
11. eine Substanz, mit der ein Tier ernährt wird: das ____________________
12. eine Haltungsform, bei der die Tiere auf der Weide leben: die ____________________
13. ein kleiner Teich: ein ____________________
14. so, dass man die Ressourcen eines Waldes nutzt: ____________________
15. der Reichtum an Tier- und/oder Pflanzenarten: die ____________________
16. der massenhafte Anbau einer einzigen Pflanzenart: die ____________________
17. das Habitat, der Ort, an dem ein Tier oder eine Pflanze lebt: der ____________________
18. der Bauernhof als Unternehmen: der ____________________ ____________________

2 Tiergeräusche: Verbinden Sie und ergänzen Sie das Nomen.

1. Hühner → _4_ a) blöken → _das Geblöke_
2. Tauben → ___ b) bellen / kläffen → ______
3. Schweine → ___ c) summen → ______
4. Schafe → ___ d) gackern → ______
5. Bienen → ___ e) grunzen /quieken → ______
6. Hunde → ___ f) gurren → ______
7. (Sing-)Vögel → ___ g) quaken / schnattern → ______
8. Enten → ___ h) zwitschern → ______

TIPP Viele Geräusche beginnen mit *Ge-* und stammen von einem Verb. Sprechen Sie das Wort laut und deutlich aus – vielleicht erkennen Sie dann schon, zu welchem Tier es gehört.

3 Gruppen von Tieren: Finden Sie die Tiere und ordnen Sie zu.

KOMMÜCKENSDOHLWÖLFEFUTIBIENENHÜHNERGILIDFSCHAFEURAGOVÖGELFGGHEWACHTELNESL

RÜLENTENDIFOSHIRSCHEDEGAKÜHEZIEGENDORZIUTHUNDEFIGA

die Herde	das Rudel	der Schwarm	die Schar

TIPP Eine Schar ist eine Gruppe gleichartiger Tiere. Man verwendet das Wort oft für Vögel in der Nutztierhaltung. Ein Schwarm ist eine Gruppe von gleichartigen Tieren, die sich zusammen fortbewegen. Man verwendet das Wort für Vögel, Fische und Insekten.

4 Landwirtschaftliche Maschinen

a Was passt? Ordnen Sie zu.

[-drescher • -gerät • -maschine • -maschine • -pumpe • -transporter]

1. die Melk______ 3. der Vieh______ 5. die Pflanz______
2. der Mäh______ 4. das Pflanzenschutz______ 6. die Gülle______

b Ordnen Sie die Maschinen aus a zu.

1. Mit einer ______ setzt man Schösslinge in den gepflügten Acker.
2. Mit einem ______ oder einer Feldspritze bringt man Pflanzenschutzmittel oder auch Dünger auf das Feld auf.
3. Mit einer ______ melkt man die Kühe.
4. Ein ______ ist eine Art Lkw, in dem man Tiere transportieren kann.
5. Eine ______ ist hilfreich, wenn man ein Feld natürlich düngen möchte.
6. Ein ______ ist ein großes Fahrzeug, das Getreide direkt auf dem Feld verarbeitet.

3 Ernährung

1 Ernährungstrends: Lesen Sie und ergänzen Sie dann.

www.ernaehrung-im-trend.de

Ernährungstrend pflanzenbasierte Ernährung

Umfragen zufolge ernähren sich mittlerweile knapp 10% der deutschen Bevölkerung fleischfrei, also vegetarisch oder sogar vegan. Was bedeutet das genau, und welche Gründe sprechen für den Trend?

Bei einer vegetarischen Ernährungsweise verzichtet man auf Fleisch- und Wurstwaren, Fisch und gelatinehaltige Lebensmittel – also auf alles, wofür ein Tier gestorben ist. Eine vegane Ernährung geht sogar noch weiter, hierbei wird auf jegliche Art von Tierprodukten verzichtet, also auch auf Eier, Milch und Honig oder Wein und Saft, der durch Fischgelatine geklärt wurde. Für den Verzicht auf Tierprodukte gibt es viele Gründe. Der wichtigste ist für viele das Tierwohl bzw. eine Ablehnung der industriellen Massentierhaltung, bei der Tiere nicht als empfindungsfähige Lebewesen, sondern als Produkte verstanden werden. Schlechte Haltungsbedingungen, eine stark verkürzte Lebensdauer, Stress bei Transporten und in den Schlachthöfen: Das alles hält immer mehr Menschen davon ab, Tierprodukte zu konsumieren.

Auch gesundheitliche Gründe können eine Rolle spielen, denn erwiesenermaßen erhöht eine pflanzenbasierte Ernährungsweise die Lebenserwartung. Aber auch Aspekte der Ökologie, Klimafreundlichkeit und Verteilungsgerechtigkeit sind von zentraler Bedeutung. Ein Beispiel: Für die Nutztierhaltung benötigt man sowohl Weidefläche als auch Anbaufläche für Futtermittel. Der entsprechend hohe Flächenverbrauch wird für den deutschen Fleischkonsum zu einem großen Teil nach Südamerika verlagert. Das bedeutet, dass diese Flächen nicht mehr für die lokale Lebensmittelproduktion zur Verfügung stehen. Zusätzlich wird Regenwald abgeholzt, um noch mehr Flächen zu erschließen – obwohl die Regenwälder ein wichtiger CO_2-Speicher sind.

Aus verschiedenen Gründen ist die Treibhausgas-Bilanz von Fleisch im Gegensatz zu pflanzlichen Lebensmitteln verheerend. Genug Gründe also, um über eine Ernährungsumstellung nachzudenken.

1. eine Substanz aus Knochen und Bindegewebe von Tieren, mit der man Marmelade andicken oder Tortenguss herstellen kann: die ______________________
2. eine trübe Flüssigkeit transparent werden lassen: etwas ______________________
3. die Tatsache, dass es einem Tier gut geht: das ______________________
4. die Haltung von hunderten oder tausenden Tieren einer Art: die ______________________
5. so, dass jemand etwas fühlen kann: ______________________
6. der Ort, an dem Tiere systematisch getötet werden: ______________________
7. so, dass etwas bewiesen ist: ______________________
8. die Wahrscheinlichkeit, ein bestimmtes Alter zu erreichen: die ______________________
9. die weltweit gerechte Verteilung von Zugang zu einer Ressource: die ______________________
10. die Fläche, auf der Tiere gehalten werden: die ______________________
11. die Verwendung von Land für bestimmte Zwecke: ______________________
12. die Bäume in einem Wald fällen: den Wald ______________________

13. geeignet machen für die menschliche Nutzung: etwas ______________________

14. das Ergebnis einer Rechnung: die ________________

2 Was passt? Ordnen Sie zu.

Huhn Zimtstern Gans Nelke Roggen Pute Kardamom Dill Rosenkohl Zwiebel Gerste Spekulatius Ente Kürbiss Kreuzkümmel Weizen Krapfen Chicorée Hafer Vanillekipferl

Getreide	Geflügel	Gemüse	Gebäck	Gewürze

TIPP Wenn man über Fleisch spricht, nennt man das Tier im Singular und ohne Artikel: *Wir essen heute Pute*

3 Lesen Sie den Text und ergänzen Sie die Wörter in der zweiten Texthälfte.

Was sind eigentlich ... Ballaststoffe?

Der Begriff „Ballaststoffe" bezieht sich auf die Tatsache, dass diese Stoffe (es sind Kohlenhydrate) unverdaulich sind, also wie „Ballast" – gehaltloses Gewicht – für unseren Körper wirken. Unser Verdauungssystem kann sie gar nicht oder nur teilweise verwerten. Dennoch sind sie sehr wichtig für unsere Gesundheit. Ballaststoffe finden sich in Vollkornprodukten und Hülsenfrüchten sowie in vielen Gemüse- und Obstsorten, zum Beispiel Karotten, rote Bete, Fenchel und Kohl. Sie sättigen zwar, da sie nicht verwertet werden können, führen sie dem Körper jedoch keine oder kaum Nährstoffe zu, was sich positiv auf den Stoffwechsel und die Gesundheit des Darms auswirkt. Vor allem das Mikrobiom, das für ein gutes Immunsystem wichtig ist, profitiert davon sehr.

Wer also Schwierigkeiten mit dem (1) ______________________ hat, vor allem mit dem (2) ______________, sollte darauf achten, genügend (3) ____________________ zu sich zu nehmen. Auch bei der Gewichtsreduktion können sie aufgrund der geringen Kaloriendichte sehr hilfreich sein. Dabei muss es nicht immer Salat sein. Karotten sind wegen ihres süßlichen Geschmacks für viele die attraktivere Alternative und (4) ______________ auch über einen längeren Zeitraum, während man nach dem Verzehr von Salat häufig schnell wieder ein Hungergefühl verspürt. Übrigens: Auch Hunde mögen Karotten. Sie (5) __________________ sie allerdings noch weniger als wir Menschen, denn für Hunde ist die ganze Karotte komplett (6) ____________________________. Wundern Sie sich also nicht, wenn sie genauso wieder herauskommt, wie sie gefressen wurde.

5 Körper und Medizin

Körper und Krankheiten

die Achillessehne, -n
der Bauchnabel, ¨
der Bizeps, -e
der Blutzucker (nur Sg.)
das Gehirnareal, -e
das Gelenk, -e
das Gewebe (nur Sg.)
die Hüfte, -n
das Jochbein
der Kehlkopf, ¨e
der (Ober-/Unter-)Kiefer, -
die Muskulatur, -en
die Milz, -en
das Nasenbein, -e
das Nasenloch, ¨er
die Ohrmuschel, -n
die Pore, -n
die Rippe, -n
der Schädel, -
das Schienbein, -e
die Schilddrüse, -n
die Schläfe, -n
das Schlüsselbein, -e
die Speiseröhre, -n
das Steißbein, -e
der Stoffwechsel (nur Sg.)
die Wade, -n
der Wirbel, -
die Wirbelsäule, -n
die Zelle, -n

die Adipositas (nur Sg.)
das Blutgerinnsel, -
der Bluthochdruck (nur Sg.)
der Diabetes (nur Sg., = ugs. die Zuckerkrankheit)
die Durchblutungsstörung, -en
die Fehlernährung (nur Sg.)
die Gehirnblutung, -en
die Gicht (nur Sg.)
der Herzinfarkt, -e
der Karies (nur Sg.)
die Lähmung, -en
die Metastase, -n
der Schlaganfall, ¨e
der Schweißausbruch, ¨e
die Sprachstörung, -en
die Überernährung (nur Sg.)
die Wucherung, -en

Adjektive mit der Endung *-ös*: adipös, infektiös, intravenös, komatös, medikamentös, muskulös, porös

bösartig
fettleibig
gutartig
intramuskulär

aus|strahlen
gerinnen
streuen

Medikamente und Behandlungen

das Anwendungsgebiet, -e
der Bewegungsapparat, -e
die Betäubung, -en
die Dosierung, -en
die Errungenschaft, -en
das Gefäß, e
die Gegenanzeige, -n
die Isolation (nur Sg.)
der Harnleiter, -
die Heilkunde (nur Sg.)
der Nerv, -en
die Prävention (nur Sg.)
die Schleimhaut. ¨e
der Wirkstoff, -e
der Wohlstand (nur Sg.)

Teilgebiete der Medizin: Anästhesie, Chirurgie, Dermatologie, Gynäkologie, Neurologie, Orthopädie, Psychiatrie, Radiologie, Urologie

Essstörungen: die Anorexie = die Magersucht, die Bulimie = die Ess-Brech-Sucht

bakteriell
heilbar

etw. an|zweifeln (eine Diagnose, jemandes Kompetenz)
jmdn. auf|klären (eine Patientin)
jmdn. auf|suchen (eine Ärztin, einen Fachmann, eine Heilpraktikerin)
auftreten (eine Krankheit, ein Problem)
etw. aus|lösen (eine Krankheit, Symptome)
etw. aus|stellen (ein Rezept, eine Verordnung, eine Krankmeldung)
etw. ausrotten (eine Krankheit, eine Tier- oder Pflanzenart)
etw./jmdn. heilen (eine kranke Person, eine Krankheit)
jmdn. konsultieren (einen Arzt, eine Heilpraktikerin)
mangeln
etw. stellen (eine Diagnose, einen Antrag, eine Frage)
etw./jmdn. stillen (eine Blutung, ein Baby)
etw. /jmdn. überweisen (einen Patienten, Geld)
verlaufen (eine Krankheit: mild, schwer, tödlich)
etw. verschreiben (Medikamente, eine Therapie)

1 Wiederholung

1 Finden Sie sechs innere Organe und ergänzen Sie.

A	B	M	T	N	F	L	Z
B	L	A	S	E	K	G	K
K	U	G	T	U	D	T	E
J	N	E	H	K	A	J	P
D	G	N	I	E	R	E	N
L	E	B	E	R	M	P	O

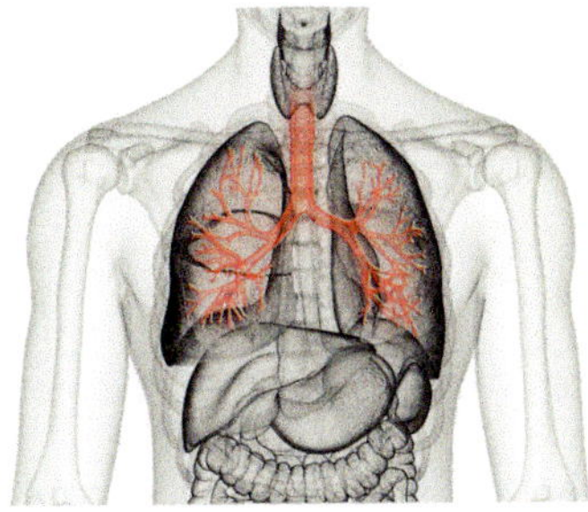

1. Mit der ___________________ atmen alle Säugetiere.
2. Der ___________________ kann beim Menschen bis zu acht Meter lang werden.
3. Die ___________________ entgiftet den Körper und ist besonders empfindlich gegen Alkohol.
4. Die beiden ___________________ entgiften den Körper ebenfalls.
5. Wenn wir essen, gelangt die Nahrung zuerst in den ___________________.
6. In der ___________________ sammelt sich der Urin.

2 Was passt? Ordnen Sie zu.

1. Wie können Schmerzen sein? ____ a) ansteckend, akut, chronisch
2. Wie können Verletzungen sein? ____ b) kompetent, einfühlsam, professionell
3. Wie können Krankheiten sein? ____ c) pochend, stechend, bohrend
4. Wie können Patient/innen sein? ____ d) ansprechbar, bewusstlos, nüchtern
5. Wie können Ärzt/innen sein? ____ e) tief, schwer, frisch

3 Was passt? Ergänzen Sie die Verben in der richtigen Form.

[abgeben • abnehmen • anlegen • desinfizieren • dokumentieren • messen • röntgen • verbinden]

1. Eine tiefe Wunde muss schnell ___________________ werden, damit die Patientin oder der Patient nicht zu viel Blut verliert.
2. Bei einem Bruch muss eine Schiene ___________________ werden, bei einem Schnitt ein Verband.
3. Für das Labor muss der Patientin oder dem Patienten Blut ___________________ werden.
4. Vor der Operation muss das Operationsbesteck ___________________ werden.
5. Für den Schwangerschaftstest muss eine Urinprobe ___________________ werden.
6. Der Blutdruck muss ___________________ werden.
7. Um den Bruch sehen zu können, muss der Knochen ___________________ werden.
8. Alle Ergebnisse müssen in der Akte ___________________ werden.

2 Körper und Krankheiten

1 Welche dieser Nomen bezeichnen Knochen? Kreuzen Sie an.

◯ das Schienbein	◯ der Bizeps	◯ die Rippe	◯ der Schädel	◯ der Wirbel
◯ das Schlüsselbein	◯ das Gewebe	◯ die Schilddrüse	◯ das Nasenbein	◯ die Wade
◯ die Speiseröhre	◯ das Steißbein	◯ das Gelenk	◯ das Jochbein	◯ die Milz

TIPP *Bein* ist ein altes Wort für *Knochen*. Bis heute sagt man *Gebeine* für die Überreste eines verstorbenen Menschen.

2 Ordnen Sie zu.

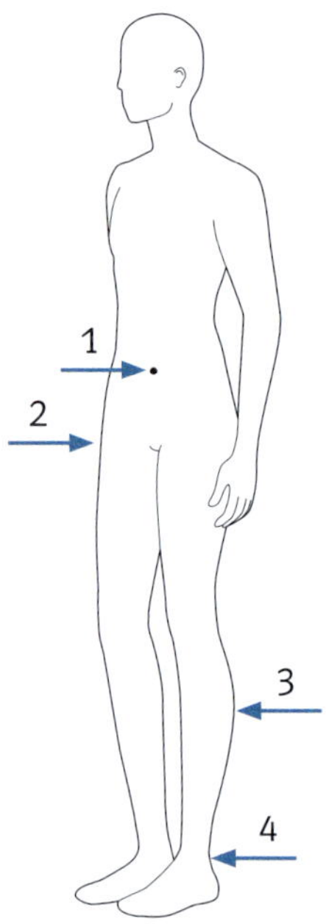

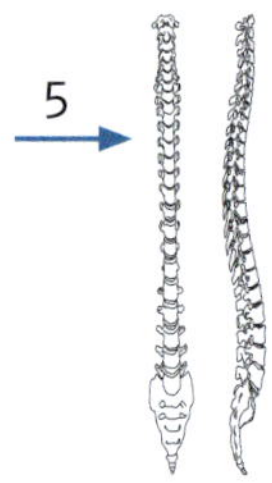

____ die Achillessehne

____ der Bauchnabel

____ die Hüfte

____ der Kehlkopf

____ das Nasenloch

____ der Oberkiefer

____ die Ohrmuschel

____ die Schläfe

____ der Unterkiefer

____ die Wade

____ die Wirbelsäule

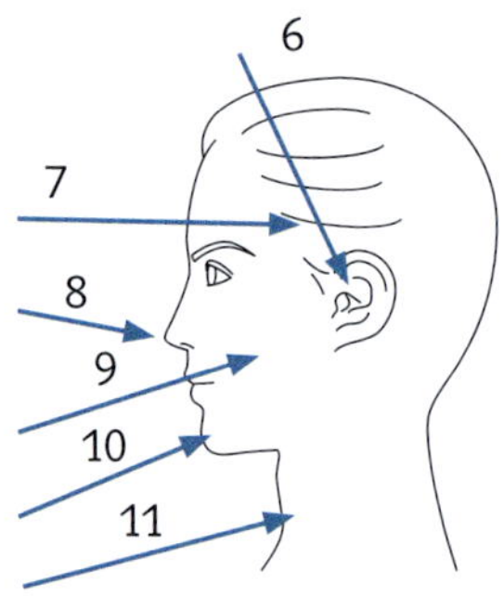

3 Adjektive auf *-ös*: Ergänzen Sie.

1. Eine Krankheit wird _medikamentös_, d. h. mit Medikamenten behandelt.
2. Eine Spritze kann man u. a. intramuskulär (in das Muskelgewebe) oder ____________ (in die Vene) verabreichen.
3. Die Haut ist an einer Stelle recht ____________. Sie hat kleine Löcher bzw. relativ große Poren.
4. Das Adjektiv ____________ wird häufig als *fettleibig* übersetzt. Adipositas bezeichnet starkes Übergewicht.
5. Die Krankheit ist nur zu Beginn ____________ (ansteckend).
6. Der Patient ist seit mehreren Tagen ____________. Er liegt im Koma.
7. Die Patientin verfügt über eine gut ausgebildete Körpermuskulatur. Sie ist ____________.

4 Häufige Krankheiten im Überblick

a Ordnen Sie zu.

[Diabetes • Herzinfarkt • Krebserkrankung • Schlaganfall]

1. Ein ____________________ ist eine Durchblutungsstörung des Herzmuskels, oft verursacht durch ein Blutgerinnsel. Dabei treten häufig Schmerzen in der linken Körperseite, meist im Brustbereich auf, die in Arme, Bauch und Unterkiefer ausstrahlen können. Sie können begleitet sein von Übelkeit, Erbrechen und Schweißausbrüchen. Es gibt jedoch auch symptomlose Infarkte.

2. Bei einer ____________________________ vermehren sich Zellen unkontrolliert und dringen auch in gesundes Gewebe ein. Man spricht auch von bösartigen Tumoren oder Veränderungen, die Metastasen bilden oder „streuen“ können. Im Gegensatz dazu dringen gutartige Tumore oder ihre Zellen nicht in gesundes Gewebe vor.

3. Ein ____________________ wird durch eine Durchblutungsstörung im Gehirn oder eine Gehirnblutung verursacht. Abhängig vom betroffenen Gehirnareal können unterschiedliche Symptome wie Schwindel, Sprachstörungen, neurologische Störungen oder Lähmungen auftreten.

4. ________________ ist eine chronische Erkrankung des Stoffwechsels. Namensgebend sind die hohen Blutzuckerwerte. Die Krankheit kann Augen- , Nieren- oder Herzschäden verursachen.

b Lösen Sie das Kreuzworträtsel mit Wörtern aus a.

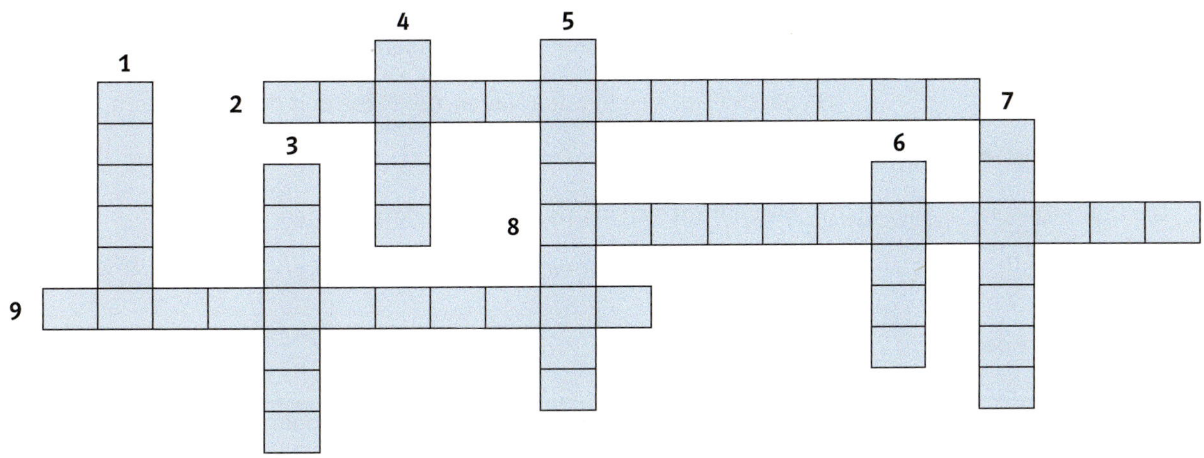

1. Ein Verband von Zellen, aus dem Körper aufgebaut sind.
2. Eine Anstauung von geronnenem, also eingetrocknetem oder verklumptem, Blut in einem Gefäß.
3. Die Tatsache, dass etwas nicht richtig funktioniert, zum Beispiel das Sprachvermögen.
4. Eine Wucherung, die gutartig oder bösartig sein kann.
5. Eine Wucherung, die entsteht, wenn eine Krebserkrankung „gestreut“ hat.
6. Der kleinste Baustein eines lebenden Organismus.
7. Die Tatsache, dass man einen Körperteil temporär oder dauerhaft nicht bewegen kann.
8. Die Verwandlung von Materie, die zum Leben notwendig ist, zum Beispiel die Verdauung.
9. Ein bestimmter Bereich des Hirns.

3 Medikamente und Behandlungen

1 Finden Sie fünf Wörter und ergänzen Sie.

FGEGENANZEIGEDFGTKWIRKSTOFFÖLKGHIANWENDUNGSGEBIETEFGHDOSIERUNGSDFLKNEBENWIRKUNGENSZG

Doxymed 200

____________ (1):	Doxycylin (Antibiotikum)
____________ (2):	Entzündungen der Schleimhäute, der Lunge oder des Nierengewebes
____________ (3):	Nicht anwenden bei Überempfindlichkeit gegen Doxycyclin.
____________ (4):	Erbrechen, Durchfall, Entzündungen der Speiseröhre, Lichtempfindlichkeit
____________ (5):	3 Tabletten täglich zu den Mahlzeiten

2 Was passt? Ordnen Sie zu.

1. Die Chirurgie	___	a) beschäftigt sich mit dem Bewegungsapparat.
2. Die Orthopädie	___	b) wird auch als Frauenheilkunde bezeichnet.
3. Die Anästhesie	___	c) ist die Heilkunde, die sich mit der Haut beschäftigt.
4. Die Gynäkologie	___	d) beschäftigt sich mit bildgebenden Verfahren wie Röntgenstrahlen.
5. Die Psychiatrie	___	e) erforscht und behandelt Nervenleiden.
6. Die Neurologie	___	f) beschäftigt sich mit den Nieren, der Blase und den Harnleitern.
7. Die Radiologie	___	g) beschäftigt sich mit Operationen.
8. Die Dermatologie	___	h) beschäftigt sich mit psychischen Erkrankungen.
9. Die Urologie	___	i) beschäftigt sich mit Verfahren zur Betäubung.

TIPP der Harn = der Urin

TIPP Die Namen für medizinische Fachbereiche kommen aus dem Lateinischen oder Griechischen und sind in vielen modernen Sprachen sehr ähnlich. Vergleichen Sie sie mit Ihrer Muttersprache!

3 Was passt? Markieren Sie. Mehrere Lösungen können richtig sein.

1. Patientinnen und Patienten	*aufklären / überweisen / krankschreiben*
2. ein Rezept	*aufstellen / ausstellen / abschreiben*
3. eine Diagnose	*stellen / setzen / anzweifeln*
4. eine Behandlung	*abführen / durchführen / überführen*
5. einen Arzt oder eine Ärztin	*beraten / aufsuchen / konsultieren*
6. ein Medikament	*verschreiben / essen / einnehmen*
7. eine Krankheit	*verlieren / auslösen / heilen*
8. eine Blutung	*stillen / stoppen / einschläfern*

4 Was ist richtig? Lesen Sie den Text und wählen Sie den richtigen Begriff.

Was sind eigentlich ... Zivilisationskrankheiten?

Bei sogenannten Zivilisationskrankheiten (oder Wohlstandskrankheiten) handelt es sich um Krankheiten, die vor allem in wohlhabenden Ländern der nördlichen Erdhalbkugel auftreten.

Eine bessere Hygiene, bessere Prävention aufgrund medizinischen Fortschritts, bessere Therapien (zum Beispiel Antibiotika gegen bakterielle Infektionen) ebenso wie eine verbesserte Nahrungsmittelversorgung gehören zu den Errungenschaften des 19. und 20. Jahrhunderts und wirken sich positiv auf die Gesundheit aus. Viele Krankheiten der vorindustriellen Zeit sind heute ausgerottet oder haben ihren Schrecken verloren, weil sie heilbar sind oder zumindest nicht mehr tödlich verlaufen, wenn sie rechtzeitig behandelt werden.

Doch mit dem Wohlstand änderte sich auch der Lebensstil. Fehl- und Überernährung, ein hoher Zuckerkonsum, der Konsum von Tabak und Alkohol, mangelnde Bewegung, Umweltverschmutzung, Lärm, mangelndes Tageslicht, Stress und soziale Isolation sind nur einige der Faktoren, die sich in der industrialisierten Welt negativ auf die Gesundheit auswirken.

Sie führen zu Herz- und Gefäßkrankheiten, Bluthochdruck, Diabetes, Übergewicht und Adipositas, Gicht, Karies, Allergien, Krebs und auch zu psychischen Krankheiten wie Angststörungen, Depressionen oder Essstörungen (Anorexie, Bulimie).

Heutzutage treten Wohlstandkrankheiten in fast allen Ländern auf und sind häufige Todesursachen. Zu den häufigsten gehören Herzinfarkte, Schlaganfälle und COPD.

TIPP COPD bedeutet *Chronic obstructive pulmonary disease.* Es ist eine chronische Erkrankung der Atemwege und des Lungengewebes, die sehr häufig durch Rauchen bedingt ist. Umgangssprachlich spricht man auch von einer *Raucherlunge.*

1 *Fehlernährung/Überernährung* bedeutet, dass man die falschen Lebensmittel verzehrt.
2. Eine Krankheit kann *auftreten/anfallen.*
3. Adern und Venen sind *Gebeine/Gefäße.*
4. *Adipositas/Karies* greift die Zähne an.
5. Einige Krankheiten können tödlich *auswirken/verlaufen.*
6. Einige Krankheiten sind besiegt. Sie sind *ausgerottet/verstorben.*
7. Man kann sich mit Viren, Pilzen oder *bakteriell/medizinisch* infizieren.
8. Die Erfindung des Penicillins war eine große *Prävention/Errungenschaft.*
9. Magersucht (Anorexie) und Ess-Brech-Sucht (Bulimie) gehören zu den *neurologischen Störungen/Essstörungen.*
10. Eine Krankheit, die man therapieren kann, bis die Patientin oder der Patient wieder gesund ist, ist *heilbar/mangelnd.*
11. In der Alltagssprache sagt man „Einsamkeit", in der Fachsprache eher „soziale *Depression/Isolation*".
12. Schwindel, Erschöpfung und Schlafprobleme sind typische Symptome für *Gicht/Bluthochdruck.*

6 Arbeit und Beruf

Bewerbung

der Arbeitsablauf, ¨-e
die Barrierefreiheit (nur Sg.)
die Begeisterungsfähigkeit (nur Sg.)
das Durchsetzungsvermögen (nur Sg.)
die Führungskompetenz (nur Sg.)
die Hierarchie, -n
die Kommunikationsfähigkeit (nur Sg.)
die Konfliktfähigkeit (nur Sg.)
die Kritikfähigkeit (nur Sg.)
die Kundenorientierung (nur Sg.)
die Organisationsfähigkeit (nur Sg.)
die Stressresistenz (nur Sg.)
die Teamfähigkeit (nur Sg.)
der Teamgeist (nur Sg.)
die Vergütung, -en
die Vertrauenswürdigkeit (nur Sg.)
die Vielfalt = die Diversität = die Diversity (engl., nur Sg.)
die Zielstrebigkeit (nur Sg.)
die religiöse Zugehörigkeit, -en

Tätigkeiten im IT-Bereich: die Einrichtung (eines Servers / eines Programms), die Wartung (eines Servers / eines Systems), der Support (für ein Betriebssystem, für ein Programm), die Administration (eines Systems)

Diskriminierungsfreie Sprache:
- *Menschen mit Behinderung* statt *Behinderte*
- *Geflüchtete* statt *Flüchtlinge*
- *Erwerbslosigkeit* statt *Arbeitslosigkeit*

Diskriminierungsfreie Sprache zu beherrschen, zeigt, dass man sich aktueller Diskurse bewusst ist.

angemessen (die Vergütung, die Reaktion, die Frist)
eigenverantwortlich (handeln, arbeiten, entscheiden)
einschlägig (Berufserfahrung, Literatur)
flach (Hierarchien)
fundiert (Kenntnisse)
gängig (die Software, die Praxis, die Meinung)
genderneutral
kollegial (der Umgang, das Team, die Atmosphäre)
nächstmöglich (der Termin, der Zeitpunkt)
wertschätzend

jmdn. ein|beziehen
jmdm. etw. zu|weisen (die Schuld, eine Rolle, Aufgaben)
Wert auf etw. legen
auf Augenhöhe

Der Arbeitsmarkt

die Anerkennung (nur Sg.)
die Arbeitsaufnahme (nur Sg.)
der Bedarf (nur Sg.)
die Besetzung, -en (einer Stelle, eines Postens)
das Bildungswesen (nur Sg.)
die Binnenmigration (nur Sg.)
das Bündel, -
der Drittstaat, -en
die Erwerbsbeteiligung (nur Sg.)
der Fachkräftemangel (nur Sg.)
das Hemmnis, -se
der Jahrgang, ¨-e
der Nachwuchs (nur Sg.)
das Segment, -e
die Vereinbarkeit (nur Sg.)
das Verfahren, -
der Wohlstand (nur Sg.)
der demografische Wandel (nur Sg.)
die Zugangsvoraussetzung
die Zuwanderung (nur Sg.)
der Zweck, -e

Unter dem Begriff **MINT-Fächer** werden in Schule und Universität die Fachbereiche Mathematik, Informatik, Naturwissenschaften und Technik zusammengefasst.

erwerbsfähig
erwerbstätig
flächendeckend
geburtenstark (der Jahrgang)
gemessen an etw.
gezielt (Maßnahmen, das Handeln)
nachträglich

altern
etw. an|erkennen (einen Abschluss, eine Qualifikation)
etw. bedürfen (einer Anerkennung, einer Erklärung)
etw. besetzen (eine Stelle, einen Job)
einer Sache entgegenwirken
etw. erlangen (eine Anerkennung, eine Genehmigung)
etw. erteilen (eine Erlaubnis, einen Auftrag)
gegen|steuern
aus etw. hervor|gehen (einer Studie, einer Untersuchung) = aus etw. ersichtlich werden
etw. kompensieren (einen Mangel, ein Ungleichgewicht) = etw. aus|gleichen = etw. auf|fangen
etw. reglementieren (einen Beruf, den Zugang zu etw.)
auf etw./jmdn. setzen (eine Person, Sieg, eine Maßnahme)
etw. vor|schreiben (eine Ausbildung, eine Prüfung)
im Fokus stehen
etw. auf den Weg bringen (Maßnahmen, ein Gesetz)

1 Wiederholung

1 Ergänzen Sie die Präfixe der Verben.

● Ihr Lebenslauf ist ja eher ungewöhnlich – erzählen Sie doch mal …

○ Nach der Schule habe ich zuerst ein Maschinenbaustudium angefangen (1), habe es dann aber nach fünf Semestern ______gebrochen (2).

● Warum?

○ Das Studium hat mich nicht interessiert und ich hätte die Abschlussprüfung niemals ______standen (3). Ich wollte nicht noch mehre Semester ________halten (4) müssen und dann am Ende ________fallen (5). Diese Katastrophe wollte ich unbedingt ______wenden (6).

● Eine konsequente Entscheidung. Wie ging es weiter?

○ Dann wollte ich mich eigentlich für Anthropologie ______schreiben (7). Aber leider habe ich meine Unterlagen zu spät ______gereicht (8).

● Bedauerlich. Haben Sie öfter Schwierigkeiten, Fristen oder Termine ______zuhalten (9)?

○ Nein, ich muss wirklich sagen, dass ich es normalerweise gut ______bekomme (10), meine Angelegenheiten pünktlich zu regeln. Na ja, ich habe dann gesehen, dass an der Universität eine Bürostelle ______geschrieben (11) war.

● In der Anthropologie?

○ Nein, in der Zahnheilkunde. Ich habe das ganze Bewerbungsverfahren ________laufen (12), aber am Ende haben sie sich für jemand anderes entschieden.

● Sie haben sich bei uns in der Personalabteilung beworben. Würden Sie sagen, dass Sie sich diesen Job ______trauen (13)?

○ Ja, auf jeden Fall! Ich bin bereit, Verantwortung zu ________nehmen (14), und ich bin mir sicher, dass ich mich gut in das Unternehmen ______bringen (15) könnte.

● Verstehe.

2 Was passt? Ordnen Sie zu.

1. eine ________ Aufgabe
2. ein ________ Beruf
3. ein ________ Unternehmen
4. ________ Beschäftigte
5. eine ________ Entscheidung

____ a) qualifizierte / langjährige / festangestellte
____ b) mittelständisches / ausländisches / börsennotiertes
____ c) endgültige / bewusste / nachvollziehbare
____ d) kaufmännischer / handwerklicher / akademischer
____ e) anspruchsvolle / dringende / lösbare

3 Ergänzen Sie die Verben in der richtigen Form.

[erzielen • setzen • sorgen • stellen • treffen]

1. Die Besetzung der Stelle hat für Aufsehen ______________________.
2. Die Mitarbeiterin hat ihre Kreativität unter Beweis ______________________.
3. Die Leitung hat die Angestellten unter Druck ______________________.
4. Der Vorstand hat eine wichtige Entscheidung ______________________.
5. Das Unternehmen hat lange keinen Gewinn ______________________.

2 Bewerbung

1 Bilden Sie Nomen mit *-fähigkeit*.

Welche Fähigkeit ist das, wenn man …

1. sich leicht oder stark für Dinge begeistern kann? die ____________________
2. gut kommunizieren kann? die ____________________
3. Konflikte konstruktiv austragen kann? die ____________________
4. in der Lage ist, Kritik anzunehmen und umzusetzen? die ____________________
5. gut organisieren kann? die ____________________
6. gut in einem Team arbeiten kann? die ____________________

2 Was passt? Verbinden Sie.

1. das Durchsetzungs- ____ a) strebigkeit
2. der Team- ____ b) kompetenz
3. die Führungs- ____ c) geist
4. die Kunden- ____ d) würdigkeit
5. die Vertrauens- ____ e) vermögen
6. die Ziel- ____ f) resistenz
7. die Stress- ____ g) orientierung

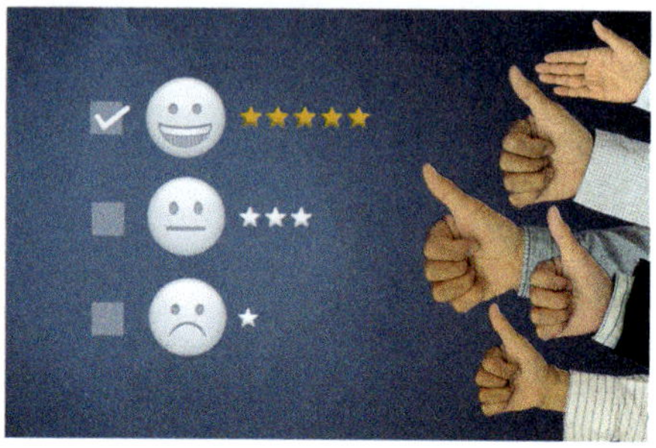

3 Lesen Sie und ergänzen Sie die Adjektive in der richtigen Form.

angemessen • eigenverantwortlich • einschlägig • flach • fundiert • gängig • kollegial • mittelständisch • nächstmöglich

Wir sind ein (1) ____________________ Unternehmen in Berlin Hellersdorf und suchen zum (2) ____________________ Zeitpunkt eine Fachkraft im Bereich IT-Systemadministration (m/w/d).

Ihre Aufgaben:

- (3) ____________________ Einrichtung und Wartung von Servern und Sicherheitssystemen
- Support von Kundinnen und Kunden
- Durchführung von Schulungen zu kundenspezifischer Software

Ihr Profil:

- Ausbildung als Fachinformatiker/in und mehrjährige (4) ____________________ Berufserfahrung
- (5) ____________________ Kenntnisse (6) ____________________ Hard- und Software in der Systemadministration
- Eigenverantwortung und ein hohes Maß an Kundenorientierung

Wir bieten:

- flexible Arbeitszeiten
- die Möglichkeit, teilweise im Home-Office zu arbeiten
- (7) ____________________ Hierarchien
- eine angenehme Arbeitsatmosphäre in einem (8) ____________________ Team
- eine (9) ____________________ Vergütung

TIPP *m/w/d* bedeutet: männlich, weiblich oder divers. *Divers* bedeutet, dass man sich weder als männlich noch als weiblich definiert.

4 Ordnen Sie zu. Bilden Sie dann das Gegenteil mit *in-*.

1. Eine Arbeit, die mehr Nutzen als Kosten bringt, ist
2. Eine Zahl, die stetig gleich bleibt, ist
3. Eine angemessene Redeweise oder Darstellung ist
4. Ein Verhalten, das man akzeptieren kann, ist
5. Eine folgerichtige Entscheidung ist
6. Eine Person, die intime Geheimnisse nicht weitererzählt, ist
7. Eine Position, die man auf dem Papier innehat, ist

___ a) akzeptabel. ≠ ____________
1 b) effizient. ≠ ineffizient
___ c) adäquat. ≠ ____________
___ d) konstant ≠ ____________
___ e) formell. ≠ ____________
___ f) konsequent.≠ ____________
___ g) diskret. ≠ ____________

5 Sprache ohne Diskriminierung: Lesen Sie die Ausschnitte aus Stellenanzeigen und ergänzen Sie die Wörter im Text darunter.

Pflegefachkraft gesucht!

Ihr Profil:

- abgeschlossene dreijährige Ausbildung als Pflegefachkraft
- Erfahrung im Umgang mit alten Menschen und Menschen mit Behinderung

Sozialpädagog/in gesucht!

Für die Begleitung und Beratung erwerbsloser Menschen suchen wir qualifizierte Mitarbeitende aus den Bereichen Sozialpädagogik und Soziale Arbeit. Wünschenswert ist Erfahrung im Umgang mit suchtkranken Menschen und Menschen mit psychischen Erkrankungen.

Im Sinne unserer Diversity-Richtlinien werden Bewerberinnen und Bewerber mit Migrationshintergrund bei gleicher Qualifikation bevorzugt.

Barrierefreiheit gehört zu unserem Selbstverständnis, von Gebäudestrukturen über Arbeitsabläufe bis zur Auswahl unserer Software.

Guideline diskriminierungsfreie Sprache

Diskriminierungsfreie Sprache stellt die Gemeinsamkeit stärker in den Mittelpunkt als die Unterschiede. Daher wird häufig von „Menschen" gesprochen, zum Beispiel Menschen mit einer körperlichen, geistigen oder psychischen (1) ____________ oder (2) ____________. In Bezug auf Gebäudestrukturen und Arbeitsabläufe, die für alle Menschen zugänglich sind, hat sich der Begriff (3) ____________ durchgesetzt.

Der Begriff „Menschen mit (4) ____________" macht deutlich, dass man den interkulturellen Hintergrund einer Person anerkennt. Berufs- und Personenbezeichnungen können im Arbeitskontext durch Formulierungen wie „Mitarbeitende" oder (5) ____________ genderneutral formuliert werden, um auch Menschen einzubeziehen, die sich weder als Mann noch als Frau verstehen. Statt „arbeitslos" gilt der Begriff (6) ____________ als wertschätzender, da er Arbeit nicht ausschließlich als Lohnarbeit definiert. In Bezug auf Alkoholismus und Drogensucht wird von (7) ____________ Menschen gesprochen, um den Betroffenen nicht implizit die Schuld für ihre Erkrankung zuzuweisen.

Im Sprechen über Hilfsangebote wird vermehrt Wert darauf gelegt, ein Verhältnis auf Augenhöhe zu kommunizieren: Statt von „Betreuung" spricht man heute lieber von Beratung oder (8) ____________. Viele Unternehmen beschließen für sich selbst intern verpflichtende (9) ____________ in Bezug auf Vielfalt – teilweise auch unter dem englischen Begriff (10) ____________.

3 Der Arbeitsmarkt

1 Fachkräftemangel

a Lesen Sie. Was passt? Markieren Sie. Mehrere Lösungen können richtig sein.

Bedroht der Fachkräftemangel die Wirtschaft?

Die alternde Gesellschaft, eine Pensionierungswelle, unbesetzte Ausbildungsplätze: Der Begriff des Fachkräftemangels ist in aller Munde. Wie bedrohlich ist die Lage wirklich?

Fachkräfte sichern in allen (1) *Segmenten/Bereichen/Faktoren* des Arbeitsmarktes Wirtschaftswachstum, Wettbewerbsfähigkeit und (2) *Stillstand/Gleichstand/Wohlstand*. In Anbetracht des demografischen (3) *Umbaus/Wandels/Bruchs* ist eine Sicherung des Fachkräftebedarfs eine wichtige politische Aufgabe. Zurzeit herrscht in Deutschland noch kein (4) *totalitärer/allgemeiner/flächendeckender* Fachkräftemangel. In bestimmten Branchen und Regionen stehen Arbeitgeber jedoch bereits vor großen Herausforderungen, wenn es um die (5) *Besetzung/ Bearbeitung/Einstellung* von offenen Stellen geht. Vor allem in den MINT-Fächern, in Handwerk, Elektroindustrie, Medizin und Pflege fehlen Arbeitskräfte. Für viele Unternehmen ist das ein (6) *Hemmnis/Hindernis/Bedürfnis*, wie aus einer aktuellen Umfrage (7) *herauskommt/hervorgeht/ ersichtlich wird*. Doch wie konnte es dazu kommen?

Zunächst einmal führt der demografische Wandel dazu, dass der Anteil der Bevölkerung im (8) *gewerblichen/arbeitsfähigen/erwerbsfähigen* Alter abnimmt. Die sogenannten Babyboomer, also Menschen, die in den geburtenstarken Jahrgängen der Nachkriegszeit geboren wurden, erreichen in den nächsten Jahren das Rentenalter. Von den wenigen jungen Menschen, die (9) *abrücken/heranrücken/nachrücken*, machen viele heute das Abitur. Die Folge: Besonders in Ausbildungsberufen wird es immer schwieriger (10) *Honorarkräfte/Nachwuchskräfte/Verkaufskräfte* auszubilden. Viele Ausbildungsstellen bleiben unbesetzt. Durch Binnenmigration innerhalb der EU konnte dieser Entwicklung bisher in einigen Bereichen (11) *entgegengekommen/entlanggekommen/entgegengewirkt* werden, sie reicht jedoch nicht aus, um den Mangel an Fachkräften dauerhaft (12) *auszugleichen/zu kompensieren/aufzufangen*.

Um gegenzusteuern, hat die Bundesregierung ein (13) *Bündel/Päckchen/Paket* von Maßnahmen auf den Weg gebracht: Einerseits soll die Erwerbsbeteiligung von Frauen und älteren Menschen gesteigert werden. Andererseits setzt man auf die (14) *Zuwanderung/Einwanderung/Immigration* von Fachkräften aus dem Ausland und die gezielte Integration von Geflüchteten in den Arbeitsmarkt. Und auch die Ausbildung soll verbessert werden: Man möchte mehr junge Menschen für eine duale Ausbildung gewinnen, wobei auch die (15) *Eintrittsgebühren/Beitrittserklärungen/ Zugangsvoraussetzungen* wie Bildungsabschlüsse und Arbeitserlaubnisse eine Rolle spielen.

Im Fokus der Bemühungen stehen auch immer wieder Frauen. Doch warum eigentlich? In Deutschland ist der Anteil der Frauen, die in Vollzeit arbeiten, (16) *verglichen mit dem/gemessen am/im Vergleich zum* europäischen Durchschnitt besonders niedrig. Etwa fünf Millionen Frauen sind nicht (17) *erwerbstätig/ tariflich/geringfügig*. Teilzeitarbeit ist weit verbreitet, wobei viele Frauen ihre Stundenzahl gern erhöhen würden, jedoch keinen entsprechenden Vertrag bekommen. Für andere stellt die Kinderbetreuung ein Hemmnis für eine Vollzeitbeschäftigung dar. Die (18) *Verarbeitbarkeit/ Verbesserbarkeit/Vereinbarkeit* von Familie und Beruf bleibt daher in Deutschland eine wichtige Herausforderung für die nächsten Jahre.

b Ergänzen Sie das Gegenteil aus a.

1. sich verjüngen ≠ ____________________
2. punktuell auftretend ≠ ____________________
3. geburtenschwach ≠ ____________________
4. das Überangebot ≠ der ____________________
5. nicht zielgerichtet ≠ ____________________
6. etwas vermindern ≠ etwas ____________________

2 Arbeit in Deutschland: Lesen Sie den Text und lösen Sie das Rätsel.

FAQ 1: Wird mein ausländischer Universitätsabschluss anerkannt?

Wenn Sie in einem reglementierten Beruf arbeiten möchten, benötigen Sie in jedem Fall eine Anerkennung. (Reglementierte Berufe sind Berufe, für die eine bestimmte Ausbildung – auch für Fachkräfte aus dem Inland – vorgeschrieben ist.)

Für nicht reglementierte Berufe gilt: Kommen Sie aus der EU, EWR oder der Schweiz, so gelten keine zusätzlichen Voraussetzungen für Ihre Bewerbung auf dem deutschen Arbeitsmarkt. Kommen Sie aus einem Drittstatt, so muss die Zentralstelle für ausländisches Bildungswesen Ihren Abschluss bewerten.

FAQ 2: Wird meine berufliche Qualifikation anerkannt?

Für die Anerkennung ausländischer Berufsausbildungen gelten folgende Voraussetzungen:

- Die Ausbildung, die Sie in Ihrem Herkunftsland absolviert haben, ist staatlich anerkannt.
- Sie verfügen über ein Abschlusszeugnis, das geeignet ist, Ihre Qualifikation nachzuweisen.

Hinweis: Verfügen Sie über die Voraussetzungen, haben Sie das Recht auf ein Anerkennungsverfahren, sofern Sie beabsichtigen, in Deutschland zu arbeiten.

Nach Prüfung Ihrer Qualifikation erhalten Sie einen Bescheid, aus dem hervorgeht, ob Ihr Abschluss anerkannt wird, ob Sie die Anerkennung durch die Teilnahme an einer Qualifizierung nachträglich erlangen können, oder ob Ihr Abschluss nicht anerkannt wird.

FAQ 3: Kann ich ohne anerkannte Berufsausbildung in Deutschland arbeiten?

Für die Arbeitsaufnahme in einem nicht reglementierten Beruf bedarf es keiner Anerkennung. Bei Angehörigen von Drittstaaten, die zum Zwecke der Arbeitsaufnahme nach Deutschland einreisen möchten, ist die Anerkennung jedoch meistens die Voraussetzung für die Erteilung des Aufenthaltstitels.

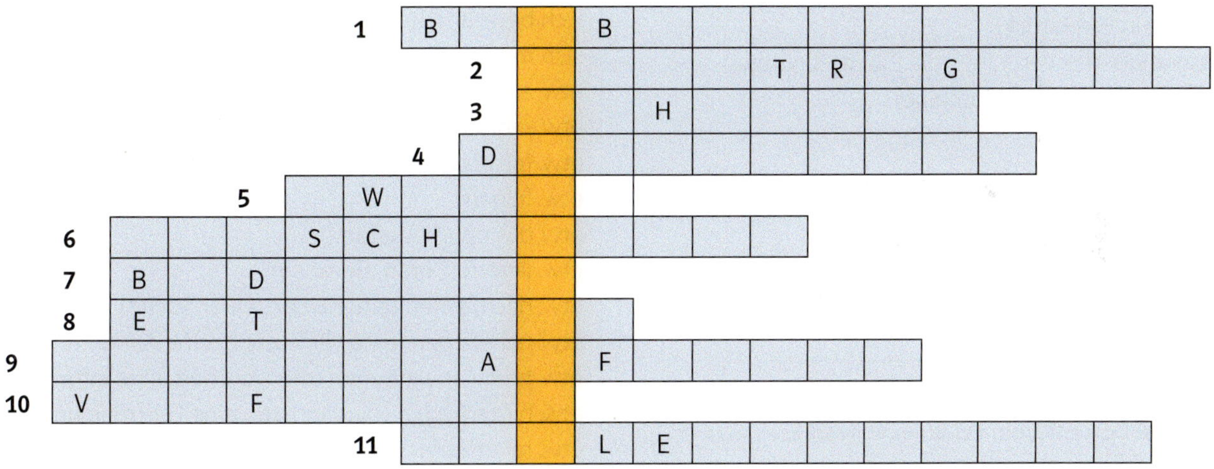

1. die Absicht haben, etwas zu tun: etwas …
2. im Nachhinein
3. etwas erwerben oder bekommen: etwas …
4. ein Land außerhalb der EU: ein …
5. damit etwas passiert; weil man will, dass etwas passiert: zum …
6. jemanden verpflichten, etwas zu tun: jemandem etwas …
7. etwas benötigen: einer Sache …
8. die Gewährung: die …
9. der Start in einen Job: die …
10. ein Prozess: das …
11. streng geregelt

Lösung: die offizielle Bestätigung, dass etwas Gültigkeit besitzt: die ______________________________

7 Geräte und Verfahren

Der Umgang mit Geräten

die Brand-/Schnitt-/Stichverletzung, -en
der Dachziegel, -
die Höchstlast, -en
die Inbetriebnahme (nur Sg.)
das Kühlmittel, -
die Plakette, -n
der Schwerpunkt, -e
der Span, ¨-e
die Trittfläche, -n

der TÜV = Abkürzung für: Technischer Überwachungsverein; umgangssprachlich auch die zweijährige Hauptuntersuchung, die man mit einem Auto machen muss und für die man eine TÜV-Plakette bekommt: *Das Auto hat keinen TÜV mehr.*

der Verwendungszweck, -e
das Werkstück, -e
der Winkel, -
der Zündschlüssel, -

befugt (eine Person)
behelfsmäßig (eine Lösung, eine Reparatur)
manuell (der Betrieb, eine Schaltung)
innerbetrieblich (Verkehrsregeln, Kommunikation)
scharfkantig (ein Werkstück)
vorschriftsgemäß (das Verhalten, die Inbetriebnahme)
zugelassen (ein Gerät, eine Maschine)

ab|rutschen
etw. auf|wickeln
etw. aus|balancieren

befördern: 1. etwas oder jemanden transportieren; 2. jemandem eine höhere Dienststelle geben

etw. ein|ziehen
erlöschen (eine Garantie, ein Feuer, eine Kerze)
heiß|laufen
herab|fallen
quetschen
rotieren
stolpern
um|kippen
um|stürzen
etw. verätzen
einen (elektrischen) Schlag bekommen
sich etw. zu|ziehen (eine Verletzung, eine Krankheit, jmds. Zorn)

Verfahren beschreiben

die Analogie, -n
die Antithese, -n
das Dogma, Dogmen
die Empirie (nur Sg.)
die Erhebung, -en
die Gegenbehauptung, -en
die Herangehensweise, -n
die Heterogenität (nur Sg.)
die Hypothese, -n
der Kreislauf, ¨-e
die Prognose, -n
der Zyklus, Zyklen
analog
dogmatisch
eingehend
empirisch
heterogen ≠ homogen
hypothetisch
methodisch
nachweisbar
schlüssig
untrüglich
zyklisch

sich etw. an|eignen (Wissen, Kenntnisse)
etw. auf|stellen (eine These, eine Behauptung)
sich bewahrheiten (eine Annahme, eine Theorie)
sich mit etw. decken
etw. entkräften (eine Theorie, ein Argument)
etw. erbringen (einen Beweis, einen Nachweis)
etw. falsifizieren (eine Theorie, eine Annahme)
etw. folgern
etw. aus etw. herleiten
etw. liefern (Daten, Beweise)
etw. nach|gehen (einer Frage, einer Sache)
etw. nahe|legen (eine Vermutung, eine Annahme)
etw. heraus|bekommen (die Wahrheit, eine Information)
etw. hinterfragen (Denkmuster, eine Lehrmeinung)
etw. relativieren (eine Meinung, ein Argument)
etw. revidieren (eine Ansicht, seine Meinung)
etw. aus etw. schließen
jmdn. für etw. sensibilisieren
etw. verifizieren (eine Theorie, eine Annahme)
etw. vermuten lassen

ein Anhaltspunkt für etw. sein
Aufschluss über etw. geben
sein Augenmerk auf etw. lenken
einen Beweis erbringen
etw. in Frage stellen
jmds. Interesse an etw. wecken
eine Schlussfolgerung aus etw. ziehen
eine These stützen

1 Wiederholung

1 Was passt? Wählen Sie aus. Mehrere Lösungen können richtig sein.

1. ein Gerüst — *aufstellen / abbauen / sichern*
2. einen Zählerstand — *verlesen / durchlesen / ablesen*
3. eine Anlage — *warten / instand halten / instand setzen*
4. eine Leitung — *verlegen / versetzen / verstellen*
5. einen Akku — *austauschen / auswechseln / aufladen*
6. ein Ventil — *aufschließen / schließen / aufdrehen*
7. Bauteile — *fertigen / herstellen / verbauen*

2 Was passt? Ergänzen Sie.

[Betrieb • Fehlermeldung • Funktion • Ladezeit • Laufzeit • Leistung • Nutzerfreundlichkeit • Tastatur]

1. ______________________ bedeutet, dass etwas leicht und angenehm zu bedienen ist.
2. Eine ______________________ tritt auf, wenn es ein Problem mit der Software gibt.
3. Die ______________________ einer Maschine kann in Watt oder PS gemessen werden.
4. Die ______________________ gibt an, wie lange es dauert, bis ein Akku voll ist.
5. Die ______________________ eines Akkus gibt an, wie lange er hält.
6. Einige Handys können keine QR-Codes scannen. Sie haben diese ______________________ nicht.
7. Wenn eine Maschine läuft, ist sie in ______________________.
8. Auf dieser ______________________ kann man sehr gut und schnell tippen.

3 Was passt? Markieren Sie.

1. Es hat nicht funktioniert. Der Versuch ist *fehlgeschlagen/abgelaufen.*
2. Die Datei ist schreibgeschützt. Wir können nicht darauf *zurückgreifen/zugreifen.*
3. Die Verarbeitung ist nicht gut. Das Gerät wird sicher nicht lange *behalten/halten.*
4. Das Gebäude ist feucht. Die Mauern müssen *trockengestellt/trockengelegt* werden.
5. Die Abläufe sind noch nicht perfekt. Lässt sich der Prozess noch *optimieren/idealisieren?*
6. Das Passwort war nicht richtig. Der Vorgang wird *zerbrochen/abgebrochen.*
7. Der Computer funktioniert nur noch sehr unzuverlässig. Wenn er überlastet ist, *stürzt er ab/stützt er sich ab.*

4 Was passt? Verbinden Sie.

1. von einer Annahme ____ a) eingehen
2. etwas auf den Punkt ____ b) befassen
3. einen Sachverhalt mit einem Beispiel ____ c) veranschaulichen
4. auf etwas Bezug ____ d) bringen
5. auf eine Frage ____ e) auswerten
6. sich mit einem Thema ____ f) ausgehen
7. Daten wissenschaftlich ____ g) nehmen

2 Der Umgang mit Geräten

1 Was passt? Ergänzen Sie die Adjektive in der richtigen Form.

[befugt • behelfsmäßig • manuell • innerbetrieblich • unbefugt • vorschriftsgemäß • zugelassen]

1. Halt! Sind Sie ______________, sich hier aufzuhalten? ______________ Personen haben keinen Zutritt!
2. Die Fahrzeuge sind nur für den ________________________ Transport auf dem Firmengelände. Für die Straße sind sie nicht ________________.
3. Der Antrieb ist nicht automatisch, sondern ______________, das heißt, von Hand.
4. Die Inbetriebnahme muss ______________________________ erfolgen, sonst erlischt die Garantie.
5. Der Arbeitsplatz ist noch nicht perfekt, vieles ist noch sehr __________________________ eingerichtet.

2 Was passt? Markieren Sie. Mehrere Lösungen können richtig sein.

1. Eine Leiter kann *umkippen / abstürzen / hinfallen.*
2. Eine Person kann von einer Leiter *herunterfallen / umstürzen / abrutschen.*
3. Ein Dachziegel kann *herabfallen / jemanden treffen / erlöschen.*
4. Zwischen zwei Balken kann man sich die Finger *drücken / quetschen / pressen.*
5. Mit einer Säure kann man sich *versauern / säuern / verätzen.*
6. Eine Schnitt-/Stich-/Brandverletzung kann man sich *abziehen / einziehen / zuziehen.*
7. Bei der Arbeit mit Strom kann man einen Schlag *bekommen / empfangen / annehmen.*
8. Eine rotierende Maschine kann etwas *aufwickeln / aufhalten / einziehen.*
9. Wenn etwas im Weg liegt, kann man darüber *stottern / stoppeln / stolpern.*

3 Finden Sie zehn Wörter und ergänzen Sie sie.

TEGSCHWERPUNKTGZWINKELDRIÖPIGIUIZÜNDSCHLÜSSELDÖLGPLAKETTESAGDFGKÜHLMITTELDOSHJ

HÖCHSTLASTSUFSPÄNEUZWERKSTÜCKHAKAJTRITTFLÄCHEZRZAVERWENDUNGSZWECKOBERI

1. Bei Arbeiten wie Hobeln, Sägen oder auch Bohren entstehen kleine ________________________ aus Holz, Metall oder anderen Materialien.
2. Ein rechter ________________________ hat 90°.
3. Viele Fahrzeuge startet man mit einem ____________________________.
4. Ein Gegenstand, den man selbst anfertigt, ist ein ______________________.
5. Der Bereich, in den man seine Füße setzt, ist die ______________________.
6. Eine Säge ist zum Sägen da, eine Bohrmaschine zum Bohren und eine Leiter, um draufzusteigen. Das ist der jeweilige ____________________________.
7. Damit eine Maschine nicht heißläuft, verwendet man ____________________.
8. Nach bestandener Prüfung beim TÜV bekommt ein Auto eine ______________________.
9. Um einen Gegenstand auszubalancieren, muss man wissen, wo der __________________________ ist.
10. Die __________________________ eines Fahrzeugs ist das maximale Gewicht, das es befördern kann.

4 Lesen Sie die Betriebsanweisungen und ergänzen Sie Wörter aus dem Kasten (Text 1) bzw. aus den Aufgaben 1 – 3 (Text 2 und 3).

Abrutschen • Leitern • Umkippen • Schwerpunkt • Trittfläche • Verwendungszweck • Werkzeuge • Winkel

Leitern: Betriebsanweisung für den allgemeinen Umgang

Gefahren:

- Herunterfallen der Person
- ______________________ (1) der Leiter bei falscher Belastung
- ______________________ (2) der Person oder der Leiter, besonders bei Nässe
- Verletzung anderer durch herabfallende Gegenstände (Farbeimer, ____________(3), ...

Verhaltensregeln und Schutzmaßnahmen

- nicht zu weit zu den Seiten lehnen, sondern den ______________________ (4) beachten
- keine Gegenstände auf die ______________________ (5) der Leiter legen
- Leitern gemäß ______________________ (6) benutzen, Stehleitern nicht anlegen!
- beim Anstellen ______________ (7) von 60 bis 75° beachten
- Schuhsohlen sauber halten (Abrutschgefahr)
- nicht provisorisch reparieren oder zu kurze ______________ (8) behelfsmäßig verlängern!

Bohrmaschinen: Arbeit an offenen Bohrmaschinen mit manueller Steuerung

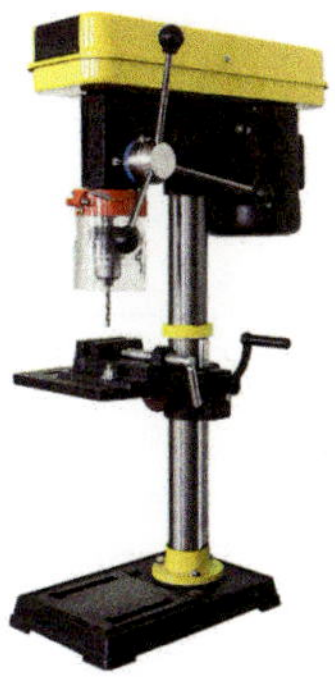

Gefahren:

- Gefahr durch ______________________ (9) Maschinenteile (besonders Aufwickeln von Haaren oder Kleidung)
- Verletzung der Augen durch ______________________ (10)
- Verletzungen durch herabfallende Werkstücke
- ____________verletzungen (11) durch scharfkantige Werkstücke
- direkter Hautkontakt mit ______________________ (12) (Erfrierungen, Hautirritationen)

Verhaltensregeln und Schutzmaßnahmen:

- Schutzausrüstung ______________________ (13) anlegen, siehe Merkblatt Kleidungsvorschrift
- Späne regelmäßig entfernen
- keine losen Gegenstände in der Nähe rotierender Maschinenteile stehen oder liegen lassen
- in der Nähe der Maschine keine Gegenstände auf den Boden legen oder stellen, um ______________ (14) zu vermeiden.

Gabelstapler: Fahrt auf dem Betriebsgelände

Gefahren:

- Benutzung durch ______________________ (15) Personen
- Quetschgefahr zwischen Stapler und Hindernissen
- ______________________ (16) des Staplers bei zu hohem Schwerpunkt
- Verletzungen durch herabfallendes Transportgut
- in geschlossenen Räumen: Vergiftungsgefahr durch hohe Abgaskonzentration

Verhaltensregeln und Schutzmaßnahmen:

- Benutzung nur durch ______________________ (17) Personen
- nach Verlassen des Fahrzeugs ______________________ (18) abziehen
- vor jeder Benutzung Kontrolle des Prüfnachweises auf der ______________________ (19)
- ______________________ (20) Verkehrsregeln auf dem Firmengelände beachten
- ______________________ (21) des Staplers beachten, nicht überladen!
- keine Mitnahme oder Auf- und Abwärtsbeförderung von Personen

3 Verfahren beschreiben

1 Was passt? Verbinden Sie.

1. einer Frage	___ a)	aneignen
2. etwas in Frage	___ b)	erbringen
3. das Interesse an etwas	___ c)	nachgehen
4. eine These	___ d)	stellen
5. einen Beweis	___ e)	verwerfen
6. eine Schlussfolgerung	___ f)	wecken
7. sich Wissen	___ g)	ziehen

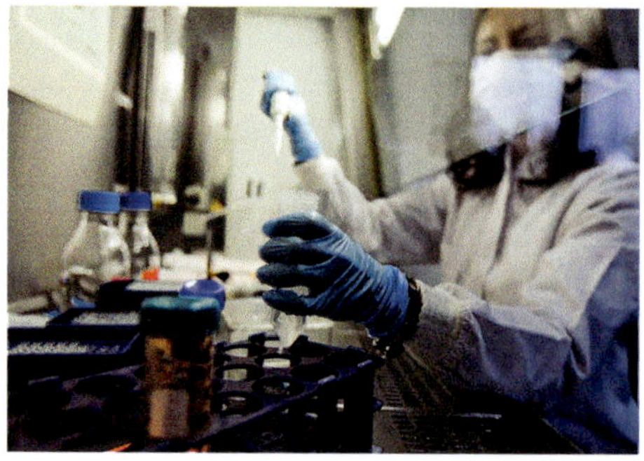

2 Formulieren Sie die Sätze mit den Ausdrücken aus 1 um.

1. Die Frage hat unsere Neugier erregt.
   Die Frage hat unser Interesse geweckt.
2. Wir hinterfragen die gängige Lehrmeinung.
   ____
3. Wir konnten unsere Annahme beweisen.
   ____
4. Wir konnten unsere Behauptung nicht aufrechterhalten.
   ____
5. Unser gemeinsames Ziel muss sein, mehr Wissen zu erwerben.
   ____
6. Wir haben daraus geschlossen, dass unsere Annahme richtig war.
   ____
7. Wir versuchen, herauszubekommen, wie es zu diesem Phänomen kommen konnte.
   ____

3 Bestätigung (+) oder Widerlegung (-)? Kreuzen Sie an.

	+	-
1. Die Annahme hat sich bewahrheitet.	◯	◯
2. Wir konnten die These entkräften.	◯	◯
3. Unser Experiment hat unsere These verifiziert.	◯	◯
4. Wir haben die Theorie falsifiziert.	◯	◯
5. Unsere Resultate konnten diese These nicht stützen.	◯	◯
6. Die Ergebnisse deckten sich weitgehend mit unseren Prognosen.	◯	◯
7. Die Beweise, die wir erbringen konnten, sprachen eindeutig dagegen.	◯	◯
8. Vielleicht müssen wir die Theorie etwas relativieren, aber im Großen und Ganzen konnten wir uns von ihrer Gültigkeit überzeugen.	◯	◯
9. Wir haben die Annahme hinterfragt, konnten aber keine Anhaltspunkte für ihre Ungültigkeit finden.	◯	◯
10. Ein Zusammenhang war nicht nachweisbar.	◯	◯

4 Was passt? Kreuzen Sie an. Mehrere Lösungen können richtig sein.

1. Bestimmte Beobachtungen können …
   ◯ eine Annahme nahelegen. ◯ ein Anhaltspunkt für etwas sein. ◯ etwas folgern.
2. Ergebnisse kann man …
   ◯ eingehend überprüfen. ◯ vermuten lassen. ◯ herleiten.
3. Messwerte können …
   ◯ berechnen. ◯ Aufschluss über etwas geben. ◯ Daten liefern.
4. Ein Beweis kann …
   ◯ erbracht werden. ◯ schlüssig und überzeugend sein. ◯ untrüglich sein.
5. Forscherinnen und Forscher können …
   ◯ Menschen sensibilisieren. ◯ ihr Augenmerk auf etwas lenken. ◯ etwas revidieren.
6. Eine Aussage kann man …
   ◯ sich aneignen ◯ relativieren. ◯ schließen.

5 Wörter aus dem Griechischen: Was passt? Verbinden Sie.

1. das Dogma	___ a) die Herangehensweise
2. der Zyklus	___ b) die Gegenbehauptung
3. die Empirie	___ c) die starre Lehrmeinung
4. die Analogie	___ d) die Entsprechung
5. die Methode	___ e) die Verschiedenartigkeit
6. die Antithese	___ f) die Erhebung empirischer Daten
7. die Hypothese	___ g) der Kreislauf, die regelmäßige Wiederkehr
8. die Heterogenität	___ h) die (wissenschaftlich zu beweisende) Behauptung

6 Ergänzen Sie die Adjektive zu den griechischstämmigen Nomen aus 5 in der richtigen Form.

1. Ich möchte zunächst unser _methodisches_ Vorgehen bei diesem Experiment erläutern.
2. Rein ____________ besteht die Möglichkeit, dass wir uns irren.
3. Wir folgen hier nicht streng der Lehre Adornos, aber ich denke, da müssen wir auch nicht so ____________ sein.
4. ____________ ließ sich die These zumindest auf Basis unserer Daten nicht belegen.
5. Wir waren zunächst von einer linearen Entwicklung ausgegangen, haben dann aber erkannt, dass es sich um eine Aufeinanderfolge von ____________ wiederkehrenden Ereignissen handelt.
6. ____________ zu unserer Feldforschung haben wir Expert*inneninterviews durchgeführt.
7. Die Gruppe der Probandinnen und Probanden setzte sich aus Personen unterschiedlicher sozialer Hintergründe zusammen und war sehr ____________.

8 Infrastruktur

Versorgung und Energie

> die **Daseinsvorsorge:** staatliche Dienstleistungen und Infrastruktur, die wichtige Lebensbereiche der Bürgerinnen und Bürger absichern (Gesundheit, Wohnen, Mobilität usw.)

der Engpass, ¨-e
die Enteignung, -en
die Fluktuation (nur Sg.)
die öffentliche Hand (nur Sg.)
die (kritische) Infrastruktur, -en
die Integration (nur Sg.)
die Isolation (nur Sg.)
die Notlage, -n
der Kernbereich, -e
die Knappheit, -en
die Resilienz, -en
der Sozialstaat, -n
die Schwankung, -en
die Überführung, -en (von etw. in etw.)
der Überschuss, ¨-e
die Unterversorgung (nur Sg.)
die Urbarmachung (nur Sg.)
die Verflechtung, -en
die Verknappung, -en

> **Nomen mit *-isierung, -en*** bezeichnen oft Prozesse: die Dezentralisierung, Generalisierung, Kollektivierung, Kultivierung, Privatisierung, Renaturierung, Spezialisierung, Zentralisierung

flächendeckend (die Versorgung, der Ausbau)
gemeinwohlorientiert (Infrastruktur, ein Wirtschaftssystem)
immens (der Verbrauch, der Anstieg,)
rapide (wachsen/Wachstum, ansteigen/Anstieg)
verzweigt (ein Netzwerk)

> **Superlativ + *möglich*:** bestmöglich, schnellstmöglich, größtmöglich, frühestmöglich

etw. elektrifizieren (den Verkehr, ein Haus)
etw. kommerzialisieren (Ressourcen, Veranstaltungen)
etw. kommunalisieren (Versorgungsinfrastruktur, Land)
etw. lokalisieren (eine Störung, eine Person)
etw. stabilisieren (Preise, die Versorgung)
etw. urbanisieren (eine Region, einen Ort)

> **Verben auf *-ieren* – Nomen mit *-ierung*:** die Elektrifizierung, Kommerzialisierung, Lokalisierung, Stabilisierung, Urbanisierung

> die **Kommunalisierung** (nur Sg.) – von *Kommune* = *Gemeinde*, eine Verwaltungseinheit: Übernahme von Verantwortung durch eine Gemeinde (eine Stadt oder ein Ort), z. B. für ein Schwimmbad, den Nahverkehr oder Projekte im Wohnungsbau.

etw. an etw. an|schließen (einen Ort, einen Rechner)
etw. aus|bauen (Leitungen, ein Netzwerk)
aus|fallen (Strom, ein Kraftwerk)
etw. beheben (Störungen, Ausfälle)
etw. betreiben (ein Geschäft, Bergbau)
etw. decken (einen Bedarf, Kosten)
etw. in etw. ein|speisen (Strom, Daten)
etw. erzielen (Gewinne, einen Überschuss)
fließen (Strom, Wasser)
etw. fördern (Kohle, Rohstoffe)
schwanken (Preise, Produktion)
etw. überlasten (einen Server, ein System)
sich von etw. auf etw. verlagern
etw. verstromen (Kohle, Wasserstoff)
zusammen|brechen (die Versorgung, ein Netz)

etw. in Betrieb nehmen (eine Anlage, ein Schienennetz)
ans Netz gehen (ein Kraftwerk)
etw. urbar machen (ein Stück Land, einen Boden)

Verkehr und Logistik

das Depot, -s
der Endverbraucher, - / die Endverbraucherin, -nen
die Fahrgemeinschaft, -en
der Flächenfraß (nur Sg.)
die Fracht, -en
die Lieferkette, -n
die Mitfahrzentrale, -n
die Pendelfahrt, -en
die Reederei, -en

> die ***Senkung*** = die Reduzierung = die Herabsetzung = die Verringerung

die Spedition, -en
die Stückzahl, -en

> der ***Strom***, ¨-e: Daten-, Finanz-, Güter-, Kapital-, Menschen-, Verkehrs-, Waren-

die Treibhausgasemission, -en
der Umstieg (von etw. auf etw.) (nur Sg.)
der Verkehrsknotenpunkt, -e
die Werft, -en
der Warenumschlagplatz, ¨-e
der Zwischenhändler, - / die Zwischenhändlerin, -nen

lebenswert (ein Ort, eine Umwelt)
motorisiert (der Verkehr, eine Maschine)
zulässig (eine Geschwindigkeit, eine Höchstlast)

etw. ab|wickeln (ein Geschäft, den Verkehr)
etw. an|treiben (ein Fahrzeug, eine Maschine)
etw. betreiben (ein Geschäft, ein Unternehmen)
etw. ein|kalkulieren (ein Risiko, eine Verspätung)
etw. ein|treiben (Schulden, Steuern)
etw. entladen (ein Fahrzeug, Waren)
jmdm. etw. entziehen (Besitz, ein Recht)
etw. herab|setzen (einen Preis, die Geschwindigkeit)
etw. vertreiben (Waren, Produkte)
etw. voran|treiben (eine Entwicklung, einen Prozess)
etw. versiegeln (eine Fläche, den Boden)

auf dem Tisch liegen (Vorschläge, Möglichkeiten)

1 Wiederholung

1 Was passt wo? Ordnen Sie zu. Notieren Sie auch den Artikel.

Kette Schienen Rahmen Stoßstange Lenkrad Deck Mast Pedale Lokomotive Karosserie Steuerrad Segel Bahnsteig Kupplung Eisenbahn Lenker

Autos, Lieferwagen und Lkw	Fahrräder und E-Bikes	Schiffe	Züge

2 Ergänzen Sie die Wörter mit *-verkehr.*

[Güter- • Ersatz- • Nah- • Fern- • Grenz- • Schienen- • Pendel- • Zahlungs-]

1. In bestimmte Länder kann man von einem deutschen Konto kein Geld überweisen. Es gibt keinen grenzüberschreitenden ______________________.
2. Morgens in die Stadt hinein und abends wieder heraus: Typischer ______________________.
3. Der Zug fährt nicht, aber es wurde ein ______________________ mit Bussen eingerichtet.
4. Das Ticket gilt im Regionalzug und im ICE, also im ________- und ______________________.
5. Warum fahren auf dem Land so wenig Züge? Der ______________________ muss ausgebaut werden.
6. In diesem Bahnhof gibt es Gleise für den Passagierverkehr und für den ______________________.
7. Der ______________________ zwischen Frankreich und Deutschland ist sowohl für Pendler*innen als auch für Tourist*innen wichtig.

3 Was passt? Markieren Sie. Mehrere Lösungen können richtig sein.

1. CO_2 — *ausstoßen / verdunsten / freisetzen*
2. den Autoverkehr — *meiden / behindern / einschränken*
3. den ÖPNV — *ausbauen / nutzen / öffnen*
4. die Emissionen — *abfahren / wandeln / reduzieren*
5. ein Tempolimit — *einführen / diskutieren / beschließen*
6. einen Stau — *begründen / lösen / verursachen*
7. einen Unfall — *bauen / erneuern / verschulden*

4 Welche Wörter passen zu dem Thema *Verkehrswende*? Kreuzen Sie an.

○ die Kontinuität ○ der Umstieg ○ die Umstellung ○ die Unveränderlichkeit
○ der Wandel ○ das Umfeld ○ die Veränderung ○ das Umdenken

2 Versorgung und Energie

1 Was passt? Markieren Sie. Mehrere Lösungen können richtig sein.

1. Strom kann *rennen / fließen / strömen.*
2. Ein Netz kann *ausgebaut werden / überlastet sein / verzweigt sein.*
3. Ein Kraftwerk kann *in Betrieb genommen werden / ans Netz gehen / abschließen.*
4. Ein Energiebedarf kann *einspeisen / gedeckt werden / immens sein.*
5. Kohle und Gas können *verstromt werden / gefördert werden / ausfallen.*

2 Ergänzen Sie das passende Verb mit *-ieren* in der richtigen Form.

1. Die Fahrgäste sind im Sommer froh, wenn Busse eine Klimaanlage besitzen und klimatisiert sind.
2. Die Energiepreise haben zuletzt stark geschwankt, aber nun scheinen sie sich zu ______________________.
3. Der Busverkehr soll auf Elektro-Mobilität umgestellt werden, d. h. die Busse werden ______________________.
4. Wasser sollte allen zu Verfügung stehen und nicht als Ware verkauft bzw. ______________________ werden.
5. Das Energienetz soll in Zukunft nicht mehr von privaten Unternehmen betrieben werden, sondern von der Gemeinde, also der Kommune. Es soll ______________________ werden.
6. Wo ist die Störung im Netz? Hat man sie schon ______________________?
7. Die Region erhält immer mehr städtische Infrastruktur. Sie wird ______________________.

3 Was passt? Ergänzen Sie.

[anschließen • ausfallen • beheben • betreiben • einspeisen • erzielen • überlasten]

1. Man kann Strom in ein Netzwerk und Daten in eine Datenbank ______________________.
2. Bei der Stromproduktion kann man Überschüsse ______________________, die dann gespeichert werden.
3. Wenn die Energieversorgung zusammenbrechen würde, würde der Strom ______________________.
4. Störungen in der kritischen Infrastruktur sollte man schnellstmöglich ______________________.
5. Der Gemeinderat möchte die Kommune ans Autobahnnetz ______________________.
6. Private Unternehmen ______________________ Netzwerke der öffentlichen Infrastruktur.
7. Der gleichzeitige Zugriff vieler Nutzerinnen und Nutzer kann einen Server ______________________.

4 Wie kann die Versorgung mit etwas sein? Kreuzen Sie an.

○ stabil	○ grundsätzlich	○ fortgeschritten	○ lückenlos	○ flächendeckend
○ rapide	○ ausreichend	○ bestmöglich	○ immens	

5 Prozesse beschreiben: Nomen mit *-ierung* und *-ation*.

a Wie lautet das Gegenteil? Verbinden Sie.

1. Kommunalisierung ___ a) Integration
2. Zentralisierung ___ b) Stabilisierung
3. Kultivierung ___ c) Dezentralisierung
4. Fluktuation ___ d) Privatisierung
5. Spezialisierung ___ e) Renaturierung
6. Isolation ___ f) Generalisierung

b Welches Wort aus a passt? Ergänzen Sie.

1. die Urbarmachung, der Anbau ____________________
2. die Überführung von staatlichem Eigentum in Privateigentum ____________________
3. die Schwankung, die Unstetigkeit ____________________
4. die Rückführung (einer Landschaft) in ihren Naturzustand ____________________
5. die Überführung von Privateigentum in gemeinschaftliches Eigentum ____________________

6 Lesen Sie und ergänzen Sie die passenden Begriffe aus dem Text.

Resilienz statt Rationalisierung: die öffentliche Daseinsvorsorge

Gesundheit, Mobilität, Wohnraum, Kommunikation: Während der Privatisierungswelle der 1990er wurden viele Bereiche der Daseinsvorsorge von der öffentlichen Hand auf private Unternehmen verlagert. In Krisenzeiten zeigt sich die Bedeutung funktionierender, allgemein zugänglicher Infrastrukturen.

Rapide steigende Mieten, wegrationalisierte Bahnhöfe und Zugverbindungen, lange Wartezeiten im Gesundheitswesen, der Abbau des Sozialstaats: Die öffentliche Daseinsvorsorge befindet sich in einer Krise. Kritiker*innen fordern die Enteignung großer Wohnungsbaukonzerne und eine Kollektivierung kritischer Infrastrukturen wie Krankenhäuser, Eisenbahn, Post und Telekommunikation. Denn nur, wenn diese Kernbereiche der öffentlichen Infrastruktur von der Marktlogik befreit sind, können sie resilient und gemeinwohlorientiert gestaltet werden. [...]

1. die Widerstandsfähigkeit, die Stabilität in der Krise ____________________
2. der Staat als Geldgeber ____________________
3. schnell ____________________
4. die Tatsache, dass Eigentum entzogen wird ____________________
5. die Überführung in gemeinschaftliches Eigentum ____________________
6. so, dass etwas einer Gemeinschaft nützt ____________________

7 Welche Nomen bedeuten, dass es zu wenig von etwas gibt? Kreuzen Sie an.

○ der Überschuss ○ der Engpass ○ die Notlage ○ die Knappheit

○ die Verflechtung ○ die Urbarmachung ○ die Verknappung ○ die Unterversorgung

3 Verkehr und Logistik

1 Ergänzen Sie die Verben in der richtigen Form.

[antreiben • betreiben • eintreiben • vertreiben • vorantreiben]

1. Die Energiewende muss noch entschiedener ____________________ werden.
2. Die Waren werden im In- und Ausland ____________________.
3. Die Familie hat eine Spedition ____________________.
4. Ein Lkw wird durch seinen Motor ____________________.
5. Das Finanzamt hat die Steuerschulden der Firma ____________________.

2 Was passt? Verbinden Sie.

1. Was kann man abwickeln? ___ a) die Geschwindigkeit, die Stückzahl, die Arbeitszeit
2. Was kann man zustellen? ___ b) ein Geschäft, den Warenverkehr, eine Transaktion
3. Was kann man entladen? ___ c) ein Risiko, eine Verspätung, Wartezeiten
4. Was kann man herabsetzen? ___ d) einen Lkw, Waren, ein Frachtschiff
5. Was kann man einkalkulieren? ___ e) Fracht, einen Bescheid, Pakete

3 Welche Wörter kann man mit *-ströme* kombinieren? Kreuzen Sie an.

○ Daten- ○ Finanz- ○ Strom- ○ Kapital- ○ Menschen- ○ Nahrungs-
○ Schienen- ○ Güter- ○ Verkehrs- ○ Waren- ○ Zug-

TIPP *Strom* bedeutet hier, dass etwas fließt, auch im übertragenen Sinne.

4 Finden Sie sieben Wörter und ergänzen Sie sie.

DAPZBDEPOTLKAHITLIEFERKETTEBNOSABIREEDEREISTOSPEDITIONALOVERKEHRSKNOTENPUNKT

TOBDÖZAWERFTMUHIMIWARENUMSCHLAGPLATZBRAO

1. Ein Ort in der Stadt, an dem zahlreiche Bus- und Bahnlinien zusammenlaufen, ist ein ____________________.
2. In einer ____________________ werden Schiffe gebaut.
3. Eine ____________________ wickelt Güterverkehr auf der Straße ab.
4. Eine ____________________ besitzt Schiffe und organisiert den Schiffsverkehr.
5. Wenn Bahnen und Busse nicht im Einsatz sind, stehen sie im ____________________.
6. Der Hamburger Hafen ist der wichtigste ____________________ in Deutschland. Nirgendwo sonst gibt es so viel internationalen Güterverkehr.
7. Vom Hersteller über Zwischenhändler bis zum Endverbraucher: Das ist die ____________________.

5 Lesen Sie und ergänzen Sie die passenden Wörter aus dem Text.

Die Verkehrswende

Der motorisierte Individualverkehr steht schon lange in der Kritik: Er ist für einen großen Teil der Treibhausgasemissionen verantwortlich. Er ist sozial ungerecht, weil er die Möglichkeit zur Teilhabe abhängig macht von der finanziellen Situation der/des Einzelnen: Wer sich kein Auto leisten kann, ist von dieser Form der Mobilität ausgeschlossen. Der Autoverkehr ist für einen großen Teil des – vor allem innerstädtischen – Flächenfraßes verantwortlich: Für fahrende und parkende Autos werden Flächen versiegelt und der Nutzung durch die Allgemeinheit entzogen. Und schließlich ist der private Autoverkehr auch ein Sicherheitsrisiko: Jeden Tag sterben in Deutschland statistisch gesehen sieben bis acht Menschen durch Autounfälle.

Kritikerinnen und Kritiker fordern daher die Verkehrs- oder Mobilitätswende. Folgende Vorschläge liegen bereits auf dem Tisch:

- Eine Senkung der Treibhausgasemissionen durch den Umstieg von Verbrennungsmotoren auf Elektromobilität, vorzugsweise mit leichten Fahrzeugen und niedrigem Verbrauch.
- Verlagerung auf Fußverkehr, Fahrrad, Schiene und ÖPNV. Auch Pedelecs und E-Scooter können dazu beitragen, den Autoverkehr zu reduzieren, wenn sie tatsächlich als Ersatz für das Auto genutzt werden und nicht als Ersatz für Fahrrad- oder Fußverkehr.
- Die gemeinsame Nutzung von Fahrzeugen. In Deutschland sind Autos im Schnitt mit 1,5 Personen besetzt. Gerade Pendelfahrten können gut als Fahrgemeinschaften organisiert oder in Mitfahrzentralen angeboten werden.
- Die Einführung eines Tempolimits auf Autobahnen und eine Herabsetzung der zulässigen Höchstgeschwindigkeit auf Landstraßen und in Ortschaften. Die Vorschläge reichen von 100 bis 130 km/h auf der Autobahn. Bisher gilt auf deutschen Autobahnen kein allgemeines Tempolimit.

Ziele dieser Maßnahmen sind unter anderem eine Reduzierung des CO_2-Ausstoßes, eine Verringerung der Verkehrstoten, die Schaffung lebenswerterer Innenstädte und ein gerechter Zugang zu Mobilität.

1. mit Motoren betrieben = ____________________
2. der Ausstoß von CO_2, Methan, Lachgas usw. = die ____________________
3. der Verbrauch von Bodenfläche = der ____________________
4. den Erdboden undurchlässig machen, indem man ihn z. B. asphaltiert = den Boden ____________________
5. etwas wegnehmen = etwas ____________________
6. zur Auswahl stehen = ________ ________ ____________ ________________
7. die Verringerung = die ______________, die ______________, die ______________
8. eine Änderung im Nutzungsverhalten = der ______________ von etwas auf etwas anderes
9. ein Motor, der mit Benzin oder Diesel läuft = der ____________________
10. am besten, am liebsten = ____________________
11. einen Beitrag zu etwas leisten = zu etwas ____________________
12. eine Fahrt zum Arbeitsplatz und zurück = die ____________________
13. erlaubt = ____________________
14. in einem Bereich zwischen X und Y liegen = von X bis Y ____________________
15. so, dass Menschen gern an diesem Ort leben = ____________________
16. die Möglichkeit, etwas zu nutzen = der ______________ zu etwas

9 Rechtliches

Strafrecht

der Beweggrund, ¨-e
das Delikt, -e
das Diebesgut, ¨-er
der Einbruch, ¨-e
die Freiheitsberaubung, -en
die Habgier (nur Sg.)
die Heimtücke (nur Sg.)
die Hinterhältigkeit (nur Sg.)
die Körperverletzung, -en
die Mordlust (nur Sg.)
die Nötigung, -en
der Raub, -e
der Tathergang, ¨-e
der Totschlag, ¨-e
die fahrlässige Tötung, -en
die Untersuchungshaft (nur Sg.)
die Unversehrtheit (nur Sg.)
der Vorsatz, ¨-e

der/die Anwesende
der/die Beschuldigte
der/die Freigesprochene
der/die Geschädigte
der/die Hinterbliebene
der/die Inhaftierte
der/die Verurteilte

belastend (eine Zeugenaussage, Material)
geständig (der/die Angeklagte, der Täter/die Täterin)
lebenslänglich (eine Strafe, eine Haft)
schuldfähig (der/die Angeklagte, der Täter/die Täterin)
verhandlungsfähig (der/die Angeklagte)
verwertbar (eine Aussage, Informationen)
vorbestraft (eine Person, der/die Angeklagte)
vorsätzlich (ein Vergehen, Körperverletzung)
widerrechtlich (eine Handlung, eine Entscheidung)
widersprüchlich (Aussagen)

auf etw. ab|zielen
etw. an|rechnen (die Zeit in Untersuchungshaft)
jmdn. zu etw. an|stiften (einer Straftat)
jmdn. bestechen
etw. ein|räumen (Schuld, eine Tat)
jmdn. ein|sperren
etw. entwenden (einen Gegenstand, Diebesgut)
etw. erschleichen (Leistungen, ein Vermögen, ein Erbe)
etw. fälschen (Geld, Papiere, eine Unterschrift)
etw. hinterziehen (Steuern, Geld, eine Million)
etw. unterschlagen (Geld, Spenden, Firmengeld)
etw. vereiteln (ein Vorhaben, einen Plan, eine geplante Tat)
sich in etw. verstricken (Widersprüche, Lügen)
etw. veruntreuen (Geld, Spenden)

Geld waschen

Zivilrecht

der Betriebsrat, ¨-e
der Kündigungsschutz (nur Sg.)
die Mietminderung, -en
der Mindestlohn, ¨-e
der Mutterschutz (nur Sg.)
die Ruhezeit, -en
der Tariflohn, ¨-e
die Leiharbeitsfirma, -firmen
die Stammbelegschaft (nur Sg.)

angewiesen auf etw. (Hilfe, Beratung, andere)
rechtswidrig
verankert in etw. (einem Gesetz, einer Verfassung)

etw. an|fechten (ein Urteil, einen Vertrag)
etw. an|zeigen (einen Mangel)
etw. auf|setzen (ein offizielles Dokument)
etw. auf|kündigen (einen Vertrag)
etw. aus|handeln (ein Geschäft, einen Kompromiss)
bestehen (Schutz, Hoffnung, Zweifel)
etw. brechen (ein Gesetz, einen Vertrag, ein Versprechen)
etw. ein|halten (eine Frist, einen Termin)
etw. ein|räumen (eine Frist, ein Recht)
erfolgen
etw. erheben (Klage, einen Anspruch, Vorwürfe)
etw. gewährleisten (ein Recht, einen Schutz)
etw. geltend machen (eine Mietminderung)
vor|liegen (Gründe, Voraussetzungen, ein Ergebnis)
vor|täuschen (Gründe, Eigenbedarf)

etw. für ungültig erklären (einen Vertrag, ein Dokument)
Eigenbedarf an|melden
ein Recht durch|setzen

jmds. gutes Recht sein
Gnade vor Recht ergehen lassen
Recht muss Recht bleiben.
für Recht und Ordnung sorgen
mit Fug und Recht
recht und billig

1 Wiederholung

1 Ergänzen Sie die Präfixe.

[an- • aus- • be- • be- • be- • ein- • ein- • er- • frei- • ver- • ver- • ver-]

Jemand wird einer Straftat (1) ______schuldigt. Vor Gericht wird die Person (2) ______geklagt. Der Staatsanwalt oder die Staatsanwältin kann Anklage (3) ______heben. Ein Verfahren wird (4) ______geleitet und geführt. Zeuginnen und Zeugen können im Prozess (5) ______sagen. Eine Anwältin oder ein Anwalt (6) ______teidigt die Angeklagte oder den Angeklagten. Am Ende wird das Urteil (7) ______kündet. Wenn die Person für schuldig (8) ______funden wird, wird sie (9) ______urteilt. Wird sie für unschuldig (10) ______funden, wird sie (11) ______gesprochen. Gegen einen Schuldspruch kann man in vielen Fällen Einspruch (12) ______legen.

TIPP Gegen viele Verwaltungsakte kann man *Widerspruch* einlegen, gegen ein Urteil *Einspruch*.

2 Geld und Verantwortung: Was passt? Kreuzen Sie an.

	Schuld (nur Sg.)	Schuld, -en
1. die Bankschuld	○	○
2. die Unschuld	○	○
3. die Mitschuld	○	○
4. die Spielschuld	○	○
5. die Steuerschuld	○	○
6. die Hauptschuld	○	○
7. die Mietschuld	○	○

die Schuld (nur Sg.):
die (moralische) Verantwortung für einen Fehler

die Schuld, -en:
das Geld, das man jemandem (zurück-)zahlen muss

3 Welche Verben passen? Kreuzen Sie an.

Ein Gesetz kann man …

○ anwenden ○ praktizieren ○ beschließen ○ verletzen ○ verwunden ○ übertreten
○ erlassen ○ verabschieden ○ beachten ○ begehen ○ befolgen ○ brechen

4 Was passt? Ergänzen Sie die Verben in der richtigen Form.

[geraten • kommen • lassen • nachweisen • nehmen • stehen • stehen • umgeben]

Oma Hansen: Erneute Festnahme!

1. Sie ________________ nicht sehr fest auf dem Boden des Gesetzes.
2. Irgendwie ________________ sie immer wieder mit dem Gesetz in Konflikt.
3. Man muss sagen: Sie ________________ es mit den Gesetzen nicht so genau.
4. Sie ________________ sich immer wieder auf krumme Geschäfte ein.
5. Außerdem ________________ sie sich gern mit zwielichtigen Gestalten.
6. Eigentlich ________________ sie mit Recht und Gesetz auf dem Kriegsfuß.
7. Man konnte ihr schon verschiedene Delikte ________________.
8. Aber bisher ist sie immer nach kurzer Zeit wieder auf freien Fuß ________________.

2 Strafrecht

1 Delikte

a Was passt? Ergänzen Sie.

[Einbruch • Freiheitsberaubung • Körperverletzung • Nötigung • Raub • Totschlag • Tötung]

Nicht jedes Eigentumsdelikt ist ein Diebstahl. Ist das Entwenden des Diebesguts mit der Androhung oder Anwendung von Gewalt verbunden, spricht man von (1) _____________. Werden Räumlichkeiten (Gebäude, Grundstücke, Fahrzeuge) widerrechtlich betreten, spricht man von einem (2) _____________ – unabhängig davon, ob tatsächlich Diebesgut entwendet wurde.

Ebenso ist nicht jedes Tötungsdelikt ein Mord. Merkmale eines Mordes sind niedere Beweggründe – wie zum Beispiel Mordlust oder Habgier – außerdem Heimtücke und Grausamkeit bei der Durchführung. Sind diese Merkmale nicht gegeben, gilt eine vorsätzliche Tötung als (3) _____________. Wird eine Person ohne Vorsatz, zum Beispiel durch unvorsichtiges Handeln, getötet, handelt es sich um eine fahrlässige (4) _____________.

Auch in Bezug auf körperliche Angriffe werden verschiedene Delikte unterschieden: Schläge und Tritte oder ähnliche Handlungen, die auf die körperliche Unversehrtheit des Opfers abzielen, ohne potenziell tödlich zu sein, gelten als (5) _____________________. Das Festhalten oder Einsperren einer Person stellt eine (6) _____________________ dar. Von (7) _______________ spricht man, wenn jemand mit Gewalt oder der Androhung von Gewalt gezwungen wird, gegen den eigenen Willen zu handeln.

b Welcher Ausdruck aus a passt? Ergänzen Sie.

1. eine strafbare Handlung – das _______________
2. etwas stehlen – etwas _______________
3. etwas, was gestohlen wurde – das _______________
4. verbotenerweise – _______________
5. das Motiv – der _______________
6. die Freude am Morden – die _______________
7. das rücksichtslose Streben nach mehr Besitz – die _______________
8. die Hinterhältigkeit – die _______________
9. absichtlich – _______________
10. die Absicht – der _______________
11. auf etwas gerichtet sein – auf etwas _______________
12. die Tatsache, dass jemand oder etwas nicht verletzt ist – die _______________
13. jemanden einschließen, in einem Raum festhalten – jemanden _______________

2 Was passt? Verbinden Sie.

1. der/die Geschädigte ____ a) eine Person, die im Gefängnis sitzt
2. der/die Hinterbliebene ____ b) eine Person, der eine Straftat vorgeworfen wird
3. der/die Beschuldigte ____ c) das Opfer einer Straftat
4. der/die Inhaftierte ____ d) die/der Angehörige einer verstorbenen Person
5. der/die Anwesende ____ e) eine Person, die in einem Prozess nicht verurteilt wurde
6. der/die Verurteilte ____ f) eine Person, gegen die ein Urteil verhängt wurde
7. der/die Freigesprochene ____ g) eine Person, die sich vor Ort befindet, z. B. im Gerichtssaal

3 Was passt? Markieren Sie.

1. Erst wollte sich die Angeklagte nicht zu den Vorwürfen äußern, doch am Ende des Prozesses war sie *geständig/verständig* und räumte die Vorwürfe ein.
2. Für den Angeklagten wirkte sich die Tatsache, dass er mehrfach *gefangen/vorbestraft* war, negativ auf das Urteil aus.
3. Der Beschuldigte verstrickte sich in äußerst *widersprüchliche/widersprochene* Angaben zum Tathergang.
4. Die Beweise waren vor Gericht nicht *wertvoll/verwertbar*, da sie ohne Zustimmung des Beschuldigten in dessen Wohnung gesammelt worden waren.
5. Die Angeklagte hatte für die Tatzeit eigentlich ein Alibi, aber mehrere Zeugen machten *belastete/belastende* Aussagen bezüglich ihres Aufenthaltsortes.
6. Der Beschuldigte ist aufgrund einer Erkrankung nicht *verhandlungsfähig/schuldfähig* und kann nicht am Prozess teilnehmen.
7. Die Angeklagte hat zum Tatzeitpunkt einen Alkoholwert von 3 Promille im Blut und war daher nicht *glaubwürdig/schuldfähig*.
8. Die Richterin verurteilte den Angeklagten zu einer *lebenslänglichen/dauerhaften* Haft.
9. Die Untersuchungshaft wird auf den Haftzeitraum *angerechnet/zurechnungsfähig*.

4 Was ist illegal? Markieren Sie. Mehrere Lösungen können richtig sein.

1. Steuern — *hinterziehen / abführen / erheben*
2. Leistungen wie Wohngeld oder Kindergeld — *auszahlen / beziehen / erschleichen*
3. Geld — *waschen / unterschlagen / veruntreuen*
4. einen Beamten oder eine Beamtin — *bestechen / einsetzen / bedrohen*
5. eine Person — *entführen / verführen / zu einer Straftat anstiften*
6. eine Straftat — *begehen / vereiteln / aufklären*
7. Zeugnisse — *ausstellen / signieren / fälschen*

3 Zivilrecht

1 Arbeitsrecht: Was passt?

SAOBHIBETRIEBSRATUTERKÜNDIGUNGSSCHUTZNELZMINDESTLOHNÜBOULMUTTERSCHUTZL

KRABOLRUHEZEITENZERBHOTARIFLOHNLÄSNA

1. Der ______________________ ist der Lohn, der im Allgemeinen für eine bestimmte Branche gilt.
2. Der ______________________ ist der geringste Lohn, der nach dem Gesetz gezahlt werden darf. In Deutschland wurde er 2015 eingeführt.
3. In einem Unternehmen mit mindestens fünf Mitarbeitenden haben diese das Recht, einen ______________________ zu wählen, der sich für ihre Rechte und Interessen einsetzt.
4. Arbeitnehmerinnen und Arbeitnehmer dürfen nicht ohne Grund entlassen werden. Für sie besteht ______________________.
5. Der ______________________ ist ein besonderer Schutz für Frauen mehrere Wochen vor und nach der Geburt ihres Kindes.
6. Im Arbeitszeitschutzgesetz sind Regeln zu ______________________ enthalten, die zum Beispiel für den Schichtdienst gelten.

2 Was passt? Ergänzen Sie.

Fristen • Gründe • Klage • Kündigungsschutz • schriftlich • bestehen • einhalten • erfolgen • erheben • vorliegen

Der Kündigungsschutz

1. Bei einer Kündigung muss sowohl der Arbeitgeber als auch der Arbeitnehmer/die Arbeitnehmerin bestimmte zeitliche ______________ ______________________.
2. Für eine fristlose Kündigung müssen wichtige ______________ ______________________.
3. Eine Kündigung muss grundsätzlich ______________ ______________________.
4. Gegen eine Kündigung können Mitarbeitende ______________ ______________________.
5. Ein besonderer ______________________ ______________ für Menschen mit Behinderung und für Schwangere.

3 Was passt wo? Ordnen Sie zu. Einige Wörter passen mehrfach.

Urteile · Geschäfte · Versprechen · Dokumente · Kompromisse · Verträge · Testamente · Urkunden · Steuerbescheide · Gesetze

Was kann man ...

... brechen?	... aushandeln?	... aufsetzen?	... anfechten?

4 Was passt? Markieren Sie.

Mieterschutz

Der Mieterschutz stellt einen wichtigen Teil des Mietrechts dar.

- Mieter:innen werden längere Kündigungsfristen (1) *ausgeräumt/verräumt/eingeräumt* als Vermieter:innen.

- Es (2) *besteht/entsteht/gesteht* ein Rechtsschutz vor unangemessenen Mietvereinbarungen: Rechtswidrige Verträge oder Teile davon können für (3) *ungültig/fristlos/grundlos* erklärt werden. Bei Mängeln dürfen Mieterinnen und Mieter eine Mietminderung (4) *gültig/geltend/vereinbar* machen – vorausgesetzt, sie haben die Mängel vorher beim Vermieter oder der Vermieterin (5) *angezeigt/vorgezeigt/aufgezeigt*.

In der Praxis kommt es dennoch häufig zu Konflikten. Ein Beispiel: Zwar dürfen Vermieter*innen einen Mietvertrag nicht grundlos (6) *entlassen/aufkündigen/freistellen* – sie haben jedoch das Recht, Eigenbedarf (7) *aufzuzeigen/einzulassen/anzumelden*, wenn sie oder ihre Verwandten die Wohnung selbst nutzen möchten. Häufig wird der Eigenbedarf jedoch nur (8) *vorgetäuscht/enttäuscht/getäuscht*: Die Wohnung wird nicht selbst genutzt, sondern zum Beispiel renoviert und anschließend teurer vermietet.

Obwohl der Mieterschutz also im Gesetz (9) *vertäut/verankert/gesteuert* ist, ist er in der Realität nicht immer (10) *gewährleistet/haltbar/geprüft*. Um ihn effektiv (11) *einsetzen/voraussetzen/durchsetzen* zu können, sind Mieterinnen und Mieter häufig auf eine Beratung (12) *abgewiesen/abhängig/angewiesen* – schließlich ist nicht jede*r Expert*in für Mietrecht. Bei Konflikten können Mieterschutzvereine mit Beratung und Vermittlung helfen.

5 Was passt? Ergänzen Sie.

recht und billig — gutes Recht — Recht und Ordnung — Gnade vor Recht — Fug und Recht — Recht muss Recht

1. In meinem Urlaub bin ich nicht erreichbar und lese keine E-Mails. Das ist mein ________________ ________________, ich habe schließlich Urlaub!
2. Das Verhalten war nicht richtig, aber ich denke, hier muss noch keine Strafe verhängt werden. Wir können noch mal ________________ ergehen lassen.
3. Nein, ich zahle dir das Geld zurück. ________________ bleiben.
4. Ich kann mit ________________ behaupten, dass ich mein Bestes gegeben habe.
5. Eine Familie grillte im Park an einer Stelle, die nicht zum Grillen freigegeben war. Nach zwanzig Minuten kam die Polizei und sorgte für ________________: Der Grill wurde gelöscht.
6. Angestellte von Leiharbeitsfirmen sollten für gleiche Arbeit gleich entlohnt werden wie die Stammbelegschaft des Betriebs. Das wäre nur ________________.

10 Politik und Ideologie

Gewaltenteilung und Demokratie

die Bestrebung, -en
die Fehleinschätzung, -en
die Gewaltenteilung (nur Sg.)
das Grundgesetz, -e
die Gunst (nur Sg.)
der Machtmissbrauch (nur Sg.)
die Staatsgewalt (nur Sg.)
der Sturz, ¨-e (einer Regierung, eines Regimes)
die Verfassungsänderung, -en
die Verfassungsmäßigkeit (nur Sg.)
der Verfassungsschutz (nur Sg.)

Gewaltenteilung: die Legislative, die Exekutive, die Judikative; die Vierte Gewalt

charismatisch (eine Persönlichkeit)
eklatant (ein Fehler, ein Misserfolg, ein Widerspruch)
illiberal (eine Demokratie, eine Politik)
lebendig (eine Demokratie)
progressiv (eine Meinung, eine Partei)
rechtsstaatlich (ein Prinzip, ein Mechanismus)
säkular (ein Staat, eine Partei)
schwelend (ein Konflikt)
souverän (ein Staat)
verfassungsfeindlich (Bestrebungen, eine Partei)
verfassungskonform (ein Gesetz, ein Beschluss)
verfassungstreu (eine Person, eine Partei)

etw. an|wenden (ein Gesetz, einen Paragraphen)
etw. auf|heben (ein Verbot, ein Gesetz)
etw. aus|legen (einen Text, ein Gesetz)
etw. aus|tragen (einen Streit, einen Konflikt)
etw. ein|bringen (einen Gesetzesentwurf, einen Antrag)
etw. verschärfen (eine Strafe, ein Gesetz)
sich etw. verspielen (jmds. Gunst, eine Chance)

wählen = seine Stimme abgeben = an die Urne gehen = abstimmen = zur Wahl gehen = für eine Partei stimmen

auf mehreren Säulen ruhen
eine Funktion jmdm. gegenüber haben
etw. für nichtig erklären
auf dem Vormarsch sein
nicht von langer Dauer sein
an seine Grenzen stoßen

Gesinnungen und Ideologien

der öffentliche Frieden (nur Sg.)
die Maxime, -n
die Volksverhetzung (nur Sg.)
die Willkür (nur Sg.)

der/die Erst-/Nicht-/Protest-/Stamm-/Wechselwähler, -/-in, -nen

antifaschistisch
bürgerlich
haltlos
links
patriotisch
pazifistisch
populistisch
sozialdemokratisch
rechts
verächtlich
völkisch

jmdn. an|stacheln (zum Hass, zu Gewalt)
jmdn. auf|hetzen (gegen jmdn.)
jmdn. auf|wiegeln (gegen jmdn.)
jmdm. etw. aus|sprechen (Vertrauen, Misstrauen)
etw. billigen (eine Entscheidung, jmds. Verhalten)
jmdm. etw. entgegen|bringen (Vertrauen, Interesse)
etw. erschüttern (Vertrauen, den Glauben in etw.)
etw. genießen (jmds. Vertrauen, Achtung)
etw. gewährleisten (Frieden, Rechte)
etw. gewinnen (jmds. Vertrauen, jmds. Zuneigung)
etw. gut|heißen (eine Entscheidung, einen Zustand)
etw. hegen (Misstrauen, Vorurteile)
etw. leugnen (eine Tat, eine Schuld, Tatsachen)
jmdm. etw. nach|tragen (einen Fehler, eine Schuld)
etw. rechtfertigen (eine Entscheidung, sein Verhalten)
etw. säen (Misstrauen, Zwietracht)
jmdm. etw. unterstellen (schlechte Eigenschaften oder Absichten)
etw. verharmlosen (eine Gefahr)
etw. verherrlichen (eine Person, ein politisches System)
jmdn. verleumden (den politischen Gegner)
etw. wahren (den Frieden, Ruhe, seine Würde)
etw. zerstreuen (Misstrauen, Zweifel)
jmdm. etw. zu|gestehen (ein Recht)

etw. mit Misstrauen betrachten (eine Entwicklung)

1 Wiederholung

1 Wer herrscht? Verbinden Sie.

1. Aristokratie ____ a) niemand
2. Anarchie ____ b) das Proletariat
3. Bürokratie ____ c) der Adel
4. Demokratie ____ d) die Verwaltung
5. Diktatur ____ e) (ältere) Männer
6. Feudalismus ____ f) eine Königin oder ein König
7. Monarchie ____ g) Landbesitzerinnen und Landbesitzer
8. Patriarchat ____ h) ein Diktator oder eine Diktatorin
9. Sozialismus ____ i) das Volk oder seine Vertreter*innen

2 Was passt? Markieren Sie. Mehrere Antworten können richtig sein.

1. an der *Regierung / Macht / Partei* sein
2. in der *Partei / Macht / Regierung* sitzen
3. unter der *Führung / Macht / Herrschaft* von jemandem sein
4. zur/zum *Wahl / Präsidentin / Vorsitzenden* gewählt werden
5. auf *Unterstützung / Hilfe / Beistand* angewiesen sein
6. nach *einem Gericht / einer Partei / Macht* streben

3 Was passt? Markieren Sie. Jeweils zwei Antworten sind richtig.

1. Kriege kann man *führen / leiten / erklären*
2. Einfluss kann man *greifen / nehmen / sich verschaffen*
3. Frieden kann man *schließen / bewahren / behalten*
4. Druck kann man *ausüben / aufgeben / aufbauen*
5. Forderungen kann man *stellen / fordern / erfüllen*
6. eine Niederlage kann man *aufnehmen / erleiden / hinnehmen müssen*

4 Wie lautet das Gegenteil? Ergänzen Sie.

konservativ, unabhängig, neutral, stabil, fortschrittlich, antidemokratisch, weltlich

1. Eine Einstellung ist nicht progressiv, sondern ____________________.
2. Die Partei ist nicht rückwärtsgewandt, sondern ____________________.
3. Die Aussagen des Politikers sind nicht demokratisch, sondern ____________________.
4. Das Land ist nicht mehr abhängig von der früheren Kolonialmacht, es ist ____________________.
5. Der Staat ist nicht mit anderen Staaten verbündet, sondern ____________________.
6. Das Amt ist nicht religiös, es ist ____________________.
7. Die Demokratie in dem Land ist nicht gefährdet, sie gilt als ____________________.

2 Gewaltenteilung und Demokratie

1 Was passt? Markieren Sie.

Was ist eigentlich ... Gewaltenteilung?

Gewaltenteilung bedeutet, dass die Staatsgewalt auf mehreren (1) *Stäben/Säulen/Wänden* ruht, die sich gegenseitig kontrollieren. Das Wort „Gewalt“ bedeutet hier nicht, dass jemandem Schaden zugefügt wird, sondern ist synonym zu dem Begriff „Macht“. Die Macht wird also aufgeteilt, um (2) *ein Vermächtnis/die Zentralgewalt/Machtmissbrauch* zu verhindern.

Klassischerweise wird die Macht in drei Bereiche geteilt:

- Die Legislative ist die (3) *Gesetzgebung/Gesetzesverabschiedung/Gesetzlage*. In Deutschland gehören dazu der Bundestag, der Bundesrat und der Bundespräsident.

- Die Exekutive ist die (4) *erfüllende/ausfüllende/ausführende* Gewalt. Sie ist dafür verantwortlich, dass die Gesetze, die durch die Legislative verabschiedet werden, auch (5) *aufgesetzt/entsetzt/umgesetzt* werden. Zur Exekutive gehören zum Beispiel die Regierung, die Verwaltung und die Polizei.

- Die Judikative ist die (6) *Rechtsprechung/Rechtsberatung/Rechtsfindung*. Hierzu gehören die Gerichte.

Außerdem wird seit einigen Jahrzehnten von der (7) *Außerordentlichen/Zusätzlichen/Vierten* Gewalt gesprochen. Damit sind die Medien in ihrer Kontrollfunktion der Staatsmacht (8) *hinterher/gegenüber/entlang* gemeint.

TIPP Es heißt zwar Exekutive, das Verb exekutieren wird heutzutage in Deutschland allerdings fast nur noch im Sinne von *eine Todesstrafe vollziehen* verwendet. In Österreich ist es ein amtssprachlicher Begriff für *pfänden* (Eigentum beschlagnahmen, um Schulden des Eigentümers/der Eigentümerin zu begleichen.)

2 Was bedeutet, dass man wählen geht? Kreuzen Sie an.

○ seine Stimme abgeben ○ aussuchen
○ übereinstimmen ○ abstimmen
○ zur Wahl gehen ○ für eine Partei stimmen
○ an die Urne gehen ○ seine Stimme erheben

3 Ergänzen Sie die Verben in der richtigen Form.

[anwenden • aufheben • auslegen • einbringen • verschärfen]

1. Die Richterin hat das Gesetz sehr großzügig ______________________.
2. Das Gesetz ist auf dem Papier noch in Kraft, aber es wird heute nicht mehr ______________________.
3. Die Regierung kann einen Gesetzesentwurf ins Parlament ____________________.
4. Das Gesetz ist heute viel strenger als früher. Es ist vor einigen Jahren ___________________ worden.
5. Noch besteht ein Verbot, aber die neue Regierung hat versprochen, es ______________________.

4 Bilden Sie Wörter mit *Verfassung* und ergänzen Sie sie in der richtigen Form.

[-änderung • -feindlich • -gericht • -konform • -mäßigkeit • -schutz • -treu]

1. Dieses Gesetz ist mit der Verfassung in ihrer jetzigen Form nicht vereinbar. Dafür bräuchte es eine ______________________.
2. Bevor das Gesetz verabschiedet wird, muss es noch auf seine ______________________ überprüft werden.
3. Beamte müssen ihrem Arbeitsvertrag ein Bekenntnis zur freiheitlich-demokratischen Grundordnung beifügen und erklären, dass sie ______________________ sind.
4. Das Bundesland wollte ein neues Polizeigesetz beschließen, aber das ______________________ hat es für nichtig erklärt, weil es gegen das Grundgesetz verstößt.
5. Einige extremistische Parteien verfolgen ______________________ Bestrebungen.
6. Personen und Gruppierungen, die sich gegen die freiheitlich-demokratische Grundordnung stellen, werden vom ______________________ beobachtet.
7. Das Gesetz wurde aufgehoben, weil es nicht ______________________ ist.

5 Was passt? Markieren Sie.

1. Der Skandal führte zum *Hinfall/Sturz* der Regierung.
2. Progressive Kräfte sind zurzeit auf dem *Weitermarsch/Vormarsch*.
3. Die Begeisterung der Wählerinnen und Wähler war nicht von langer *Dauer/Frist*.
4. Die Partei möchte sich die *Laune/Gunst* der Wählerinnen und Wähler nicht verspielen.
5. Bei der Mobilisierung einer neuen Wählerschaft stößt die Partei an ihre *Wände/Grenzen*.

6 Finden Sie acht Wörter und ergänzen Sie sie in der richtigen Form.

borrechtsstaatlichgroitysouveränwerzsscharismatischerntosäkularsfdiu

oilliberaldfgschwelendsdfuolebendigdsfeklatantige

1. Die Politikerin ist nicht farblos, sondern eine äußerst ______________________ Persönlichkeit.
2. Die Demokratie in diesem Land ist nicht freiheitlich. Es ist eine ______________________ Demokratie.
3. Der Konflikt wird nicht offen ausgetragen. Es ist ein ______________________ Konflikt.
4. Der Begriff der Postdemokratie bedeutet, dass die Demokratie nur noch den Institutionen nach existiert, jedoch nicht mehr von der Partizipation der Menschen getragen wird. Es ist keine ______________________ Demokratie.
5. Die Justiz muss unabhängig sein. Das gehört zu den ______________________ Grundprinzipien.
6. Das Potenzial der neuen Partei nicht zu erkennen, war eine ______________________ Fehleinschätzung.
7. Das Land hat sich von einem religiösen Gottesstaat in einen ______________________ Staat gewandelt.
8. Ein ______________________ Staat ist unabhängig und macht seine eigenen Gesetze.

3 Gesinnungen und Ideologien

1 Wie kann die Gesinnung einer Person sein? Kreuzen Sie an.

○ links ○ rechts ○ geradeaus ○ patriotisch ○ souverän

○ völkisch ○ pazifistisch ○ eklatant ○ antifaschistisch ○ nichtig

2 Wie können Parteien sein? Kreuzen Sie an.

○ charismatisch ○ bürgerlich ○ populistisch ○ rechts-/linksextrem

○ sekundär ○ ökologisch ○ sozialdemokratisch ○ rechtlich ○ kommunistisch

3 Vertrauen und Misstrauen: Ergänzen Sie die Verben in der richtigen Form.

[aussprechen • betrachten • erschüttern • genießen • gewinnen • hegen • säen • zerstreuen]

1. Mit Falschinformationen im Internet lässt sich Misstrauen gegen Parteien und Personen ______________.
2. Skandale können das Vertrauen der Wählerinnen und Wähler ______________.
3. Das Parlament kann der Regierung das Misstrauen ______________.
4. Ein Teil der Bevölkerung wählt nicht, weil er Misstrauen gegen das politische System ______________.
5. Die Parteien versuchen, das Vertrauen der Wählerinnen und Wähler zu ______________.
6. Der Kandidat ______________ das volle Vertrauen seiner Partei.
7. Viele Menschen ______________ das Erstarken rechter Parteien in Europa mit Misstrauen.
8. Der Politiker gibt sich Mühe, das Misstrauen gegen seine Person zu ______________.

4 Ergänzen Sie Nomen mit *-wählerin* oder *-wähler.*

1. Eine männliche Person, die zum ersten Mal in ihrem Leben wählen geht, ist ein ______________.
2. Eine weibliche Person, die immer dieselbe Partei wählt, ist eine ______________ der Partei.
3. Eine männliche Person, die unterschiedliche Parteien wählt, ist ein ______________.
4. Eine weibliche Person, die eine Partei nicht aus Überzeugung wählt, sondern weil sie mit den anderen Parteien unzufrieden ist, ist eine ______________.
5. Eine männliche Person, die ihre Stimme bei einer Wahl nicht abgibt, ist ein ______________.

5 Verben mit Dativ und Akkusativ: Ergänzen Sie.

1. behaupten, dass jemand etwas gesagt oder getan hat: jemandem etwas u_ _ _ _st_ _ _ _ _
2. sagen, dass man jemandem vertraut: jemandem sein Vertrauen _ _sspr_ _ _ _ _
3. jemandem etwas geben, zum Beispiel Vertrauen: jemandem etwas _ntg_ _ _ _br_ _ _ _ _
4. jemandes Rechte oder Forderungen anerkennen: jemandem etwas z_g_st_ _ _ _
5. etwas Negatives nicht vergessen oder vergeben: jemandem etwas n_ch_ _a_ _ _

6 Lesen Sie die Auszüge aus dem Gesetzestext im Original und ergänzen Sie.

Strafgesetzbuch (StGB)

§ 130 Volksverhetzung

(1) Wer in einer Weise, die geeignet ist, den öffentlichen Frieden zu stören,

1. gegen eine nationale, rassische, religiöse oder durch ihre ethnische Herkunft bestimmte Gruppe, gegen Teile der Bevölkerung oder gegen einen Einzelnen wegen dessen Zugehörigkeit zu einer vorbezeichneten Gruppe oder zu einem Teil der Bevölkerung zum Hass aufstachelt, zu Gewalt- oder Willkürmaßnahmen auffordert oder
2. die Menschenwürde anderer dadurch angreift, dass er eine vorbezeichnete Gruppe, Teile der Bevölkerung oder einen Einzelnen wegen dessen Zugehörigkeit zu einer vorbezeichneten Gruppe oder zu einem Teil der Bevölkerung beschimpft, böswillig verächtlich macht oder verleumdet,

wird mit Freiheitsstrafe von drei Monaten bis zu fünf Jahren bestraft.

(2) […]

(3) Mit Freiheitsstrafe bis zu fünf Jahren oder mit Geldstrafe wird bestraft, wer eine unter der Herrschaft des Nationalsozialismus begangene Handlung der in § 6 Abs. 1 des Völkerstrafgesetzbuches bezeichneten Art in einer Weise, die geeignet ist, den öffentlichen Frieden zu stören, öffentlich oder in einer Versammlung billigt, leugnet oder verharmlost.

(4) Mit Freiheitsstrafe bis zu drei Jahren oder mit Geldstrafe wird bestraft, wer öffentlich oder in einer Versammlung den öffentlichen Frieden in einer die Würde der Opfer verletzenden Weise dadurch stört, dass er die nationalsozialistische Gewalt- und Willkürherrschaft billigt, verherrlicht oder rechtfertigt.

(5) […]

1. Wer zu Hass oder Gewalt gegen bestimmte Gruppen aufruft, macht sich der ____________________ schuldig.
2. Wenn die Rechtsordnung gewährleistet, dass Bürgerinnen und Bürger angstfrei zusammen leben können, dann ist der ____________________ ____________ gewahrt.
3. Wer Menschen gegen andere Menschen aufhetzt, aufwiegelt oder ____________________, weckt negative, aggressive Gefühle in ihnen.
4. ____________________ bedeutet, die eigene Macht auf eine Weise durchzusetzen, dass ausschließlich die eigenen Interessen als Maxime des Verhaltens gelten.
5. Wer jemandes Würde verletzt, behandelt die Person ____________________.
6. Jemanden zu ____________________ bedeutet, Lügen oder haltlose Behauptungen über jemanden zu verbreiten.
7. Wer eine Straftat gutheißt oder für rechtmäßig erklärt, ____________________ sie.
8. Wenn man eine Tatsache ____________________, behauptet man, dass sie nicht wahr ist.
9. Zu behaupten, dass etwas Gefährliches nicht gefährlich sei, bedeutet, es zu ____________________.
10. Die Darstellung einer Situation als uneingeschränkt positiv heißt, etwas zu ____________________.
11. Wer behauptet, dass etwas aus guten Gründen passiert ist, ____________________ diese Tatsache.

11 Geistes- und Sozialwissenschaften

Geisteswissenschaften

das Anliegen, -
das Artefakt, -e
das Aufkommen (nur Sg.)
die Aufzeichnung, -en
der Baumring, -e
die Datierung, -en
der Debütroman, -e (das Debüt, -s)
die Disziplin, -en
der Erzählton, ¨-e
die Frühgeschichte (nur Sg.)
die Gefühlsduselei, -en
das Gemüt, -er
die Hinterlassenschaft, -en
die Idylle, -n
die Keramik, -en
der Kitsch (nur Sg.)
der Kulturraum, ¨-e
die Tücke, -n (des Alltags)
die Urgeschichte (nur Sg.)
das Zerrbild, -er
der Zerfall (nur Sg.)

abgedroschen (eine Phrase, ein Witz)
ausgehend von etw. (einer Information, einer Quelle)
beiläufig (etw. erzählen, erfahren)
erfrischend (der Humor, die Art von jmdm.)
dürftig (die Quellenlage, die Qualität)
erst-/zweit-/drittklassig (die Qualität)
fulminant (eine Aufführung, eine Darstellung)
(autobiografisch) gefärbt (eine Erzählung)
gelungen (ein Werk)
glänzend (eine Darstellung)
heikel (ein Thema)
mäßig (die Qualität, die Darstellung)
meisterhaft (eine Erzählung, die Darstellung)
organisch (das Material, eine Substanz)
schicksal(s)haft (eine Begegnung, eine Fügung, eine Wendung)
seicht (eine Geschichte, ein Gespräch)
unausgegoren (eine Handlung, eine Idee)
unübertrefflich (ein Werk, eine Darstellung)
unverblümt (die Darstellung)
verdichtet (die Sprache)
verwoben mit etw. (einer Handlung, jmds. Schicksal)
etw. wahren (den Schein, seinen (guten) Ruf)
sich durch etw. ziehen (wie ein roter Faden)

in etw. ab|driften (Kitsch, Schein- oder Parallelwelten)
sich als etw. entpuppen (eine Fälschung, eine Enttäuschung)
sich erhalten (über lange Zeit)
trügen (der Schein, eine Hoffnung)
etw. umfassen (einen Zeitraum)
(ein gutes) Gespür für etw. beweisen
auf Anhieb (etw. schaffen, etw. verstehen)
ein glatter Reinfall

Sozialwissenschaften

die Anthropologie (nur Sg.)
die Demografie (nur Sg.)
die Ethnologie (nur Sg.)
die Geburtenrate, -n
die Lebenserwartung (nur Sg.)
die Lebenshaltung (nur Sg.)
die Pädagogik (nur Sg.)
die Soziolinguistik (nur Sg.)
die Sozialgeografie (nur Sg.)
das Wechselspiel, -e (zwischen … und …)

ab|flauen (ein Anstieg, eine Entwicklung)
sich ab|schwächen (eine Entwicklung)
altern (Personen, eine Gesellschaft)
zu etw. gelangen (einer Überzeugung, einem Ergebnis)
sich halbieren (eine Anzahl, ein Preis)
sich häufen (Vorfälle)
schrumpfen (ein Mensch, die Bevölkerung)
stagnieren (eine Entwicklung)
verarmen (die Bevölkerung, der Mittelstand)
sich verdoppeln (eine Anzahl, ein Preis)
sich verteuern (Lebensmittel, die Lebenshaltung)
etw. ziehen (Parallelen, Schlüsse)
zu|legen (ein Aktienkurs, eine Entwicklung)

absolut ≠ relativ (die Armut)
ausgeschlossen sein von etw. (Teilhabe, einer Gruppe)
besorgniserregend (eine Entwicklung)
konstant (eine Entwicklung)
rasant (ein Anstieg, ein Rückgang)
rückläufig (eine Entwicklung)
schleichend (eine Entwicklung)
materiell ≠ immateriell (Güter)
moderat (ein Anstieg, ein Rückgang)
drastisch = rapide (die Zunahme)
sozial (Teilhabe, Ungleichheit)
sprunghaft (der Anstieg, die Zunahme)
überproportional (der Anstieg, die Zunahme)

auf der Hand liegen
sich etw. zum Ziel setzen
im Gegensatz zu etw. stehen
eine Auswahl treffen
in die Höhe klettern

1 Wiederholung

1 Was passt? Verbinden Sie.

1. das Kino ___ a) *die Melodie / die Harmonie / die Tonleiter*
2. das Ballett ___ b) *das Atelier / die Vernissage / das Gemälde*
3. die Literatur ___ c) *die Ballerina / die Bühne / die Choreografie*
4. die Musik ___ d) *die Erzählperspektive / die Lesung / der Verlag*
5. die Bildende Kunst ___ e) *die Leinwand / die Untertitel / die Synchronisierung*

2 Was passt? Ergänzen Sie die Verben in der richtigen Form.

[basieren • herausgeben • mithalten • nachvollziehen • überliefern • verfilmen]

- ● Der Roman „Krabat" (1) ________________ auf einer alten, sorbischen Sage, die seit Mitte des 19. Jahrhunderts in verschiedenen Varianten schriftlich (2) ________________ ist. Der Autor Otfried Preußler beschäftigte sich etwa zehn Jahre mit der Erzählung. Die erste Auflage des Romans hat der Arena-Verlag 1971 (3) ________________. Später gab es zahlreiche Neuauflagen, und das Buch wurde in über 30 Sprachen übersetzt. 2008 wurde es auch (4) ________________.
- ○ Wie ist Ihre Meinung zu dem Film? Kann er mit dem Buch (5) ________________?
- ● Meiner Meinung nach kann man die Magie des Buches im Film sehr gut (6) ________________.

3 Finden Sie fünf Adjektive und ergänzen Sie sie in der richtigen Form.

VERATEMBERAUBENDHERLCIVORHERSEHBARFRYLFLANGATMIGD

ORMEISTERHAFTVARBOKUNGLAUBWÜRDIGFROB

1. 20 Seiten über einen Mann, der fischen geht?! Das ist mir zu ________________.
2. Romantische Komödien sind nichts für mich. Ich weiß immer genau, was passiert: Am Ende kommen sie zusammen. Die Handlung ist viel zu ________________.
3. Warum kommt sie genau in dem Moment, als er abstürzt? Das ist absolut ________________!
4. Kennen Sie „The good, the bad and the ugly"? Ein Italo-Western von 1966, absolut sehenswert: tolle Charaktere, ________________ Landschaft, ________________ erzählt und gespielt.

4 Was passt? Ordnen Sie zu. Notieren Sie auch den Artikel.

Christentum   Judentum   Großbürgertum   Proletariat   Geistlichkeit   Mittelalter   Antike   Aufklärung   Islam   Hinduismus   Industrialisierung   Kleinbürgertum   Moderne   Buddhismus   Adel

Religion	gesellschaftlicher Stand	geschichtliche Epoche

2 Geisteswissenschaften

1 Lesen Sie den Text.

a Ergänzen Sie.

[Anliegen • Aufzeichnungen • Disziplin • Feuchtboden • Hinterlassenschaften • Kulturraum • Material]

Ur- und Frühgeschichte

Die Ur- und Frühgeschichte ist eine archäologische (1) ______________________, die, ausgehend von den materiellen (2) ______________________ des Menschen, dessen kulturelle Entwicklung untersucht. Unter dem Begriff Urgeschichte versteht man dabei die Geschichte des Menschen vor dem Aufkommen schriftlicher (3) ______________________ – also in Europa von der Steinzeit über die Bronzezeit bis zur vorrömischen Eisenzeit. Die Frühgeschichte dagegen umfasst im europäischen (4) ______________________ die Römische Kaiserzeit, die Völkerwanderungszeit und das Frühmittelalter – also einen Zeitraum, aus dem bereits schriftliche Quellen vorliegen.

Anders als in den Geschichtswissenschaften, die mit schriftlichen Quellen arbeiten, befasst sich die Ur- und Frühgeschichte mit Artefakten wie Steinwerkzeugen, Keramik, menschlichen und tierischen Knochen, Metallgegenständen und auch Holzgegenständen, die sich zum Beispiel in (5) ______________________ über Jahrtausende erhalten können. Aber auch Hausgrundrisse, Gräber, Siedlungen oder Burgen sind Forschungsgegenstände der Ur- und Frühgeschichte.

Obwohl sie ein kulturwissenschaftliches (6) ______________________ hat, nutzt die Ur- und Frühgeschichte auch naturwissenschaftliche Methoden wie zum Beispiel die Dendrochronologie (Datierung von Holzfunden durch Baumringe) oder die Radiokarbonmethode (Datierung von organischem (7) ______________________ über den Zerfall von radioaktiven Kohlenstoffatomen).

b Welches Wort aus a passt? Ergänzen Sie.

1. basierend auf: ______________________ von
2. das erstmalige Entstehen oder Erscheinen: das ______________________
3. etwas beinhalten: etwas ______________________
4. das Zeugnis einer Zeit, mit dem man historisch arbeitet: die ______________________
5. etwas von Menschen (einer früheren Epoche) Gemachtes: das ______________________
6. gebrannter Ton, oft zur Herstellung von Geschirr: die ______________________
7. konserviert sein: sich ______________________
8. die Basis eines Hauses: der ______________________
9. ein Ort, an dem Menschen leben: die ______________________
10. das Feststellen des Alters eines Gegenstandes: die ______________________
11. ein Prozess, bei dem etwas langsam kaputtgeht: der ______________________

2 Über Literatur sprechen: Finden Sie neun Wörter und ergänzen Sie sie.

SOFKITSCHSDIZGESPÜRFAFUGHTÜCKENFEBDEBÜTROMANDOGIDYLLECOFHSCHEINDFLÖUDGKZERRBILD

GIFRAUGEFÜHLSDUSELEIFERGHUERZÄHLTONZER

1. Der ____________________ ist nüchtern und sachlich.
2. Die Autorin beweist ein gutes ________________ für Atmosphäre.
3. Die Darstellung ist eine Karikatur, ein ________________ der Wirklichkeit.
4. Der Ton ist sehr gefühlsbetont und die Bilder etwas klischeehaft, immer am Rande zum ________________.
5. Die Protagonistin kämpft erfolglos gegen die ________________ des Alltags.
6. Am Anfang stellt sich das Heim der Familie als perfekte ________________ dar, doch mit der Zeit wird immer deutlicher, dass der ________________ trügt.
7. Die Autorin schildert die Beziehung sehr sensibel, ohne dabei in ________________________ abzudriften.
8. Der ____________________ der Autorin hat es auf Anhieb in die Beststellerlisten geschafft.

3 Was passt? Verbinden Sie.

1. Ihre Schicksale sind untrennbar miteinander	____	a) gefärbt.
2. Der Roman ist autobiografisch	____	b) beiläufig.
3. Die Sprache der Erzählung ist stark	____	c) verwoben.
4. Die Geschichte erfährt die/der Lesende ganz	____	d) verdichtet.
5. Die Figuren erscheinen klischeehaft, die Handlung	____	e) unverblümt.
6. Heikle Themen adressiert der Roman erfrischend	____	f) unausgegoren und unglaubwürdig.

TIPP Bei einigen Adjektiven mit *un-* kann man nicht das Gegenteil bilden, indem man *un-* weglässt, z. B.: unverschämt, unausgegoren, unverblümt.

4 Bewertungen: Positiv oder negativ? Ordnen Sie zu.

positiv	negativ

seicht – gelungen – fulminant – unübertrefflich – meisterhaft – mäßig – drittklassig – zweitklassig – dürftig – glänzend

5 Kollokationen: Was passt? Markieren Sie.

1. Die Protagonistin versucht lange, ihren *guten/schönen* Ruf zu wahren.
2. Die Suche nach der eigenen Identität zieht sich wie ein *roter/grüner* Faden durch die Erzählung.
3. Sprachlich besticht der Roman nicht: Klischees und *ausgesäte/abgedroschene* Phrasen reihen sich aneinander.
4. Eine *schicksalhafte/schicksalergebene* Begegnung verändert sein Leben für immer.
5. Das Buch ist toll, aber die Verfilmung hat sich als *glatter/ebener* Reinfall entpuppt.

TIPP *abgedroschen* kommt von *dreschen* – das Korn aus dem Getreide schlagen. *sich entpuppen* ist das Gegenteil von *sich verpuppen* – der Verwandlung der Raupe in eine Puppe mit Kokon.

3 Sozialwissenschaften

1 Welche Wissenschaft ist das? Verbinden Sie.

1. Die Anthropologie
2. Die Demografie
3. Die Ethnologie
4. Die Sozialgeografie
5. Die Pädagogik
6. Die Soziolinguistik

beschäftigt sich mit

____ a) Erziehung und Bildung.
____ b) dem Sprachverhalten in sozialen Gruppen.
____ c) dem Menschen.
____ d) Kultur in unterschiedlichen Gesellschaften.
____ e) dem Wechselspiel zwischen Gesellschaft und Raum.
____ f) der Entwicklung der Bevölkerung.

2 Wie lautet das Gegenteil? Ordnen Sie zu.

[abflauen • altern • halbieren • häufen • schrumpfen • verarmen • verteuern • weiterentwickeln]

1. wachsen ≠ ____________________
2. stagnieren ≠ sich ____________________
3. jünger werden ≠ ____________________
4. sich verdoppeln ≠ sich ____________________
5. seltener vorkommen ≠ sich ____________________
6. im Preis fallen ≠ sich ____________________
7. wohlhabender werden ≠ ____________________
8. sich verstärken ≠ ____________________

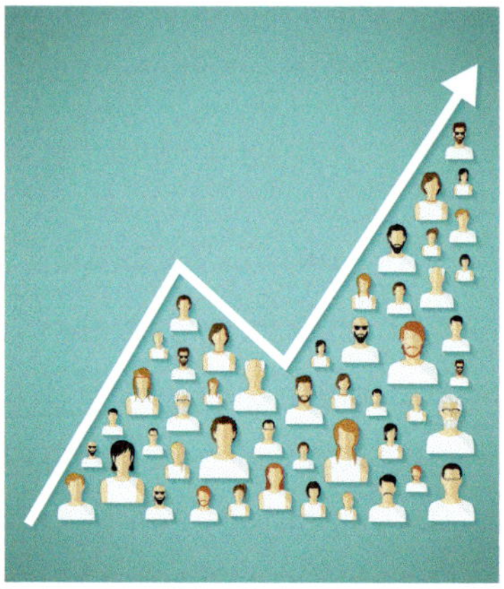

3 Was passt? Markieren Sie. Mehrere Lösungen können richtig sein.

1. Was kann sich häufen? *Personen / Vorfälle / Anzeichen für etwas*
2. Wer kann altern? *eine Person / die Gesellschaft / eine Statistik*
3. Was kann stagnieren? *Umsätze / Löhne / Einwohnerzahlen*
4. Was kann schrumpfen? *die Wirtschaftsleistung / eine Studie / ein Mensch*
5. Was kann sich verteuern? *die Inflation / Kredite / die Lebenshaltung*
6. Was kann sich verdreifachen? *eine Entwicklung / Preise / die Bevölkerung*
7. Was kann rückläufig sein? *die Geburtenrate / die Sozialausgaben / die Lebenserwartung*
8. Was kann abflauen? *Personen / Forschungsergebnisse / der Anstieg von etwas*

4 Wie kann eine Entwicklung sein? Kreuzen Sie an.

○ schleichend ○ rasant ○ alternd ○ besorgniserregend ○ konstant
○ spärlich ○ erfreulich ○ stagnierend ○ rückläufig ○ geschrumpft
○ kontinuierlich ○ deutlich ○ moderat

TIPP Eine Entwicklung ist *rückläufig* = sie nimmt ab. Eine Entwicklung ist *gegenläufig* = sie geht in die entgegengesetzte Richtung einer anderen Entwicklung (gegenläufig zu etwas).

5 Was passt? Markieren Sie.

1. Unsere Beobachtungen *liegen/stehen* im krassen Gegensatz zu allen vorherigen Untersuchungen.
2. Wir sind zu der Überzeugung *gelangt/geworden*, dass wir das Problem neu denken müssen.
3. Wenn wir die beiden Entwicklungen betrachten, lassen sich gewisse Parallelen *zeichnen/ziehen*.
4. Welche Schlüsse können wir aus dieser Beobachtung *ziehen/treffen*?
5. Wir hatten Kategorien gesammelt und mussten daraus nun eine Auswahl *machen/treffen*.
6. Die Klärung dieser Frage haben wir uns zum Ziel *gestellt/gesetzt*.
7. Die Erklärung für dieses Verhalten ist ganz klar, es *liegt/steht* auf der Hand.

6 Zunehmen oder abnehmen? Ordnen Sie zu.

abflauen
ansteigen
nachlassen
zulegen
sich abschwächen
zurückgehen
fallen
sich erhöhen
in die Höhe klettern
anziehen

zunehmen	abnehmen

TIPP *anziehen* wird hier ohne Akkusativergänzung verwendet und bedeutet *höher werden*. Preise oder die Konjunktur können anziehen.

7 Wie können Preise steigen? Kreuzen Sie an.

○ rennend ○ sprunghaft ○ stetig ○ stolpernd ○ rapide ○ massiv
○ drastisch ○ erheblich ○ gängig ○ überproportional ○ winzig

8 Was passt? Ergänzen Sie die Wörter in der richtigen Form.

[absolut • ausgeschlossen • finanziell • immateriell • materiell • relativ • sozial]

Ungleichheit

Die ungleiche Verteilung von materiellen und (1) ____________ Gütern innerhalb einer Gesellschaft bezeichnet die Soziologie als (2) ____________ Ungleichheit. Dabei spielen vor allem (3) ____________ Gesichtspunkte eine wichtige Rolle, denn mit ihnen sind zum Beispiel der Zugang zu Bildung und der Zugang zu bestimmten sozialen Netzwerken verbunden.

Armut

In Bezug auf Armut unterscheidet man die (4) ____________ Armut, also die Unmöglichkeit, die wirtschaftlichen Grundbedürfnisse zu befriedigen, und die (5) ____________ Armut, bei der die (6) ____________ Grundbedürfnisse zwar erfüllt sind, die Person jedoch aus finanziellen Gründen von der sozialen Teilhabe (7) ____________ ist. In der Praxis bedeutet das zum Beispiel, dass man sich nicht so kleiden kann, dass man von allen Teilen der Gesellschaft anerkannt wird, oder dass man keinen Zugang zu Freizeit- und Kulturveranstaltungen hat.

12 Mathematik und Logik

Mathematik

der Durchmesser, -
das Dutzend, -e
das Einmaleins (nur Sg.)
die Fläche, -n
die Gleichung, -en
die Kreiszahl π (nur Sg.)
der Nenner, - (einer Bruchzahl)
die Potenz, -en
die Primzahl, -en
die Quadratzahl, -en
der Radius, Radien
der Umfang, ¨-e
die Unbekannte, -n
das Volumen, Volumina
der (rechte) Winkel
der Zähler, - (einer Bruchzahl)

gerade ≠ ungerade (Zahlen)
teilbar (eine Zahl)

auf|gehen (eine Gleichung, eine Rechnung)

die Wurzel aus einer Zahl ziehen
jmdm. das Einmaleins von etws bei|bringen
auf einen gemeinsamen Nenner kommen
Eins und Eins zusammen|zählen
die Dreiecksbeziehung, -en
eine Null sein
die Quadratur des Kreises (nur Sg.)
Pi mal Daumen
hoch drei (Spaß, Chaos, Stress)
der Kreis schließt sich

> **Nomen mit *-barkeit*:** Etwas kann gelöst werden → die *Lösbarkeit*. Etwas kann berechnet werden → die *Berechenbarkeit*. Weitere Beispiele: Nachvollziehbarkeit, Realisierbarkeit, Teilbarkeit, Vorhersagbarkeit

Logik

das Prinzip, -ien (von Ursache und Wirkung)
der Rückschluss, ¨-e
der Trugschluss, ¨-e
der Umkehrschluss, ¨-e

folgerichtig (ein Gedankengang)
konsequent (jmds. Verhalten, ein Gedanke)
logisch (ein Gedankengang)
plausibel (ein Gedanke)
stimmig (eine Argumentation)
weit hergeholt (eine Erklärung, ein Argument)
widerspruchsfrei (eine Argumentation)

etw. ab|leiten (eine Schlussfolgerung, ein Argument)
etw. an|führen (einen Grund, ein Argument)
an etw. an|knüpfen (Gedanken, eine Argumentation)
an|setzen bei etw. (einer Frage)
etw. auf|greifen (ein Argument, einen Gedanken)
etw. auf|nehmen (ein Argument, eine Frage)
von etw. aus|gehen (einer Voraussetzung, einer Annahme)
etw. aus|klammern (ein Thema, ein Detail)
etw. aus|schließen (einen Grund, eine Möglichkeit)
etw. ein|ordnen (ein Argument, ein Detail)
etw. folgen (einer Logik, einer Argumentation)
etw. aus etw. folgern (eine Vermutung aus einer Tatsache)
etw. gegenüber|stellen (Vor- und Nachteile, Meinungen)
etw. her|leiten (eine Schlussfolgerung)
etw. aus etw. schließen (eine Annahme aus einer Tatsache)
etw. mit etw. in Beziehung setzen (Gedanken, Argumente)
etw. mit etw. verknüpfen (Informationen, einen Namen mit einem Gesicht)
etw. ziehen (eine Schussfolgerung, Bilanz)

angesichts
ausschließlich
es sei denn
folgendermaßen
infolgedessen
je nachdem
nichtsdestotrotz
ohne dass
stattdessen
vorausgesetzt
weswegen
wohingegen

sich etw. vor Augen führen
Anwendung finden
etw. außer Acht lassen
auf der Hand liegen
jmdn. auf die Probe stellen
etw. auf den Punkt bringen
der Weisheit letzter Schluss sein (meist ironisch)

glasklar (jmds. Verstand, ein Beweis)
geschult (jmds. Auge, Verstand)
hellwach (jmds. Verstand)
messerscharf (eine Schlussfolgerung, jmds. Verstand)
vernebelt (jmds. Verstand, Hirn, Kopf, Blick)

1 Wiederholung

1 Die Grundrechenarten: Was passt? Verbinden Sie und ergänzen Sie die Präposition.

1. + addieren ____ a) eine Zahl ________ eine andere Zahl teilen
2. - subtrahieren ____ b) Zahlen zusammenzählen
3. x multiplizieren ____ c) eine Zahl ________ einer anderen abziehen
4. : dividieren ____ d) eine Zahl ________ einer anderen Zahl vervielfachen

2 Schreiben Sie die Bruchzahlen in Wörtern.

1. $\frac{3}{4}$ *drei Viertel*
2. $\frac{1}{3}$ ____________
3. $\frac{5}{8}$ ____________
4. $1\frac{1}{2}$ ____________
5. $\frac{2}{3}$ ____________
6. $3\frac{1}{4}$ ____________

3 Was ist das? Ergänzen Sie.

[Dreieck • Kreis • Kugel • Pyramide • Quadrat • Würfel]

zweidimensionale Formen

1. Das ____________ ist gelb.
2. Das ____________ ist rosa.
3. Der ____________ ist grün.

dreidimensionale Formen

4. Der ____________ ist rot.
5. Die ____________ ist blau.
6. Die ____________ ist gelb.

4 Finden Sie fünf Verben und ergänzen Sie sie in der richtigen Form.

dfgezerkennendafausgehenguzfindendifgözkommendhudrdstehenpoizulassen

1. Was du sagst, ist nicht logisch. Deine Aussage ____________ in einem klaren Widerspruch zu dem, was du davor gesagt hast.
2. Das ist ein kompliziertes Problem, aber ich bin sicher, dass wir eine Lösung ____________ werden.
3. Wir haben eine Menge Zahlen, aber ich kann einfach kein Muster darin ____________.
4. Wir haben lange über das Problem nachgedacht und sind zu dem Schluss ____________, dass es nicht lösbar ist.
5. Wenn wir von der Annahme ____________ würden, dass unsere Zahlen stimmen, würde das nur einen möglichen Schluss ____________.

2 Mathematik

1 Geometrie: Was ist richtig? Markieren Sie.

1. Die Größe *dieser Ecke/dieses Winkels* beträgt 30 Grad.

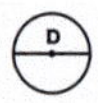

2. Wie berechnet man den *Durchmesser/Querschnitt* eines Kreises?

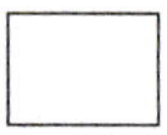

3. Wenn man die Seitenlänge a eines Rechtecks mit der Seitenlänge b multipliziert, erhält man die *Ebene/Fläche*, z. B. in Quadratzentimetern oder Quadratmetern.

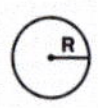

4. Die Hälfte des Durchmessers eines Kreises ist *der Radius/die Wurzel*.

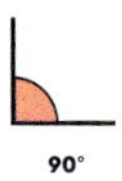

5. Wenn ein Winkel genau 90 Grad hat, ist es ein *rechter/linker* Winkel.

6. Mit der Formel 2x π x r kann man den *Umlauf/Umfang* eines Kreises berechnen, also die Länge der Linie, die den Kreis nach außen begrenzt. π ist dabei die *Kreiszahl/Kugelzahl* Pi, ungefähr 3,14.

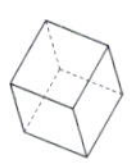

7. Ein Würfel hat drei gleich lange Seiten a. Um *das Volumen/die Füllung* zu berechnen, multipliziert man sie miteinander: $V = a^3$

2 Mathematische Begriffe

a Machen Sie das Rechenquiz und ergänzen Sie die Zahlen.

a) Die Wurzel aus 9 ist 3. Die Wurzel aus 16 ist ______.

b) Setzen Sie die Folge aus Quadratzahlen fort: 4, 9, 16, ______.

c) In der Bruchzahl ¾ lautet der Zähler ______ und der Nenner ______.

d) Die kleinste existierende ganze, gerade Zahl, ist die ______.

e) Die kleinste existierende ganze, ungerade Zahl ist die ______.

f) Ein Dutzend ist die Stückzahl ______.

g) Lösen Sie die Gleichung: y + 2 = 5. → y = ______.

h) Primzahlen sind nur durch 1 und durch sich selbst teilbar, z. B. 2, 3, ______, 7 und 11.

i) 1x9=9, 2x9=18, 3x9=27, ... Das ist das ______er-Einmaleins.

j) 2^3: Die dritte Potenz aus 2 ist ______.

b Ergänzen Sie die Wörter aus a.

1. Aus einer Quadratzahl kann man leicht die ____________________ ziehen.
2. ____________________ Zahlen sind durch 2 teilbar.
3. Eine ____________________ mit mehreren Unbekannten, z. B. x, y und z, ist nicht eindeutig lösbar.
4. Wenn der Zähler einer Bruchzahl größer ist als der ____________________, ist die Zahl größer als 1.
5. ____________________ Zahlen sind nicht durch 2 teilbar.
6. Warum ist 1 keine ____________________? Weil sie außer sich selbst keinen zweiten Teiler hat.

3 Mathematik im Alltag: Finden Sie neun Wörter und ergänzen Sie sie.

E	I	N	M	A	L	E	I	N	S	O
I	K	U	N	D	R	E	I	E	C	K
N	I	L	I	P	R	I	L	N	B	R
S	G	L	E	I	C	H	U	N	G	E
O	N	S	H	O	C	H	K	E	P	I
Q	U	A	D	R	A	T	U	R	E	S

1. Willkommen bei „Kochen für Anfänger"! Ich möchte euch das ______________________ des Kochens beibringen.
2. Ich weiß nicht genau, wie groß das Zimmer ist. ______ mal Daumen 16 Quadratmeter.
3. Deine Idee ist auf keinen Fall realisierbar. Es ist unmöglich. Es wäre die ______________ des Kreises.
4. Wir können uns nie einigen. Wir kommen einfach nicht auf einen gemeinsamen _______________.
5. Ich habe einfach Eins und ________ zusammengezählt, und dann war mir alles klar.
6. In dem Film geht es um eine _________________sbeziehung zwischen einer Frau und zwei Männern.
7. Im Fußball war ich schon als Kind eine _________. Ich wurde immer als Letzter ins Team gewählt.
8. Sportunterricht in der Schule? Das war Stress _________ drei!
9. Sie dachte, wenn sie sich mehr bemühen würde, würde er auch wieder mehr Energie in die Beziehung stecken. Aber diese ____________________ ist nicht aufgegangen.
10. Die Eltern kümmern sich um die Kinder, und später kümmern sich die Kinder um die alten Eltern. So schließt sich der _____________.

4 Ergänzen Sie die Nomen mit *-barkeit*.

1. Die gemeinsame Eigenschaft aller geraden Zahlen ist ihre Teilbarkeit durch die Zahl 2. Sie können durch 2 geteilt werden.
2. Diese Gleichung geht nicht auf. Ich denke nicht, dass sie lösbar ist, sondern bezweifle im Gegenteil ganz grundsätzlich ihre __________________________.
3. Wir können das Wetter nicht hundertprozentig voraussagen. Der __________________________ sind Grenzen gesetzt.
4. Eine Schwäche dieser Argumentation ist ihre mangelnde __________________________. Das kann niemand nachvollziehen.
5. Bei einer wissenschaftlichen Arbeit muss es für andere Forschende möglich sein, die Daten zu überprüfen. Die __________________________ der Daten, auf denen die Arbeit beruht, ist sehr wichtig.
6. Der Vorschlag ist interessant, aber kaum realisierbar – oder, sagen wir: Seine __________________________ kommt mir aus verschiedenen Gründen unwahrscheinlich vor.

3 Logik

1 Welche Wörter können Synonyme für *logisch* sein? Kreuzen Sie an.

◯ folgenreich ◯ folgerichtig ◯ konsequent ◯ stimmig ◯ stimmungsvoll
◯ widerspruchsfrei ◯ plausibel ◯ verständnisvoll ◯ widersprüchlich

2 Was passt? Markieren Sie. Mehrere Antworten können richtig sein.

1. Schlussfolgerungen kann man *ableiten/ziehen/herleiten*.
2. Gründe kann man *aufschließen/ausschließen/anführen*.
3. Aus Tatsachen kann man etwas *schließen/nehmen/folgern*.
4. Informationen kann man miteinander *verknüpfen/in Beziehung setzen/ausspielen*.
5. Von einer Voraussetzung kann man *ausgehen/eintreten/eingehen*.
6. Einer bestimmten Logik kann man *folgen/folgern/zustimmen*.

3 Gedanken strukturieren

a Ergänzen Sie das Verb in der richtigen Form.

anknüpfen • ansetzen • ausklammern • einordnen • folgen • gegenüberstellen

1. Unser Vortrag ____________ bei einer wichtigen Frage ________, die wir uns gestellt haben.
2. Mit unserem Hauptargument ____________ wir an Gedanken aus dem Vortrag von gestern ______.
3. Allerdings ____________ wir dieser Argumentation nicht 1:1. Wir nehmen eine andere Abzweigung.
4. Wir möchten gern die Vor- und Nachteile der Theorie ____________________________.
5. Genaue Fragen zu den Details ________________ wir dabei erst einmal ___________.
6. Den Punkt, den Sie genannt haben, würde ich gern kurz in unsere Argumentation ______________.

b Welcher Satz aus a passt? Ordnen Sie zu.

a) Wir berücksichtigen sie nicht. _5_
b) Ich möchte ihn in einen Zusammenhang stellen. ____
c) Unser Vortrag heute greift es auf. ____
d) Wir möchten sie miteinander vergleichen. ____
e) Wir nehmen sie auf. ____
f) Wir zeichnen den Gedankengang nicht nach. ____

4 Was passt? Verbinden Sie.

1. Alle Dackel sind Hunde. Also sind alle Hunde Dackel. Stimmt dieser
2. Es regnet – man wird nass. Das ist das Prinzip von
3. Auf die Identität des Täters ziehen wir zu diesem Zeitpunkt noch keine
4. Diese Lösung ist in Ordnung, aber sie ist noch nicht der Weisheit
5. Wer reich ist, ist nicht automatisch glücklich. Das ist ein

____ a) Trugschluss.
____ b) Rückschlüsse.
____ c) letzter Schluss.
____ d) Umkehrschluss?
____ e) Ursache und Wirkung.

5 Logische Zusammenhänge strukturieren: Was passt? Ergänzen Sie.

[angesichts • ausschließlich • es sei denn • folgendermaßen • infolgedessen • je nachdem • nichtsdestotrotz • ohne dass • stattdessen • vorausgesetzt • weswegen • wohingegen]

1. Ich habe eine Idee, wie wir das Problem lösen, und zwar ____________________: …
2. Ich weiß, ihr habt euch alle gut auf die Besprechung vorbereitet. ____________________ möchte ich kurz etwas zum Stand der Dinge sagen.
3. Sie vertreten diese These vehement, ____________________ ich denke, dass sie etwas weit hergeholt ist.
4. Die Gleichung ist lösbar, ____________________, wir kennen die Unbekannte x.
5. ____________________ der späten Stunde hoffe ich, dass Sie alle noch Energie haben.
6. Ich wusste, dass es Probleme mit dem Internet geben würde, ____________________ ich ein Kabel mitgebracht habe.
7. Die Aktienkurse brachen ein. ____________________ kam es zu einer Finanzkrise.
8. Wir können die Pause um 10 Uhr oder um 10 Uhr 30 machen, ____________________, wie es Ihnen lieber ist.
9. Wir können auch auf die Pause verzichten und ____________________ eine halbe Stunde früher Schluss machen.
10. Das ist ein abstraktes Problem, das ____________________ die theoretische Mathematik interessiert.
11. Ich stelle diese Behauptung auf, ____________________ ich sie richtig überprüft habe. Ich hoffe, Sie verzeihen.
12. Niemand kann eine genaue Prognose abgeben, ____________________, die Person hätte eine Glaskugel.

6 Was passt? Markieren Sie.

1. Die Lösung lag auf der *Nase/Hand*, aber ich habe sie nicht gesehen.
2. Der Gedankengang folgt einer gewissen Binnenlogik, aber er lässt einen zentralen Aspekt außer *Acht/Achtung*.
3. Das Gesetz der Schwerkraft findet hier keine *Verwendung/Anwendung*, da wir uns im All befinden.
4. Das haben Sie nicht geglaubt, oder? Gut, ich wollte Sie nur auf *die Probe/den Test* stellen.
5. Führen wir uns noch einmal die Informationen vor *Gesicht/Augen*, die wir kennen.
6. Wie schaffst du es nur, deine Gedanken immer so klar auf *den Punkt/das Komma* zu bringen?

7 Wie kann jemandes Verstand sein? Kreuzen Sie an.

○ messerscharf ○ messerspitz ○ vernebelt ○ geschult ○ glasklar
○ neblig ○ hellwach ○ unterkühlt ○ gesund ○ sonnig ○ kühl

13 Finanzen und Wirtschaft

Finanzen

Arten der Entlohnung: die Aufwandsentschädigung, -en; die Besoldung (nur Sg.); die Gage, -n; das Gehalt, ¨-er; die Heuer (nur Sg.); das Honorar, -e; der Sold (nur Sg.); der Zins, -en

die Bonität (nur Sg.) = die Kreditwürdigkeit (nur Sg.)
der Dauerauftrag, ¨-e
die Devise, -n
die Dividende, -n
die Einzugsermächtigung, -en
der Erlass, -e
die Fixkosten (nur Pl.)
der Geizkragen, -
die Gutschrift, -en
der Kontostand, ¨-e
der Privatanleger, -/die Privatanlegerin, -nen
der Spekulant, -en/die Spekulantin, -nen
das Wertpapier, -e

-los: bargeldlos, mittellos, zinslos; *-frei:* steuerfrei, zinsfrei, schuldenfrei, provisionsfrei, ablösefrei, mietfrei

verschwenderisch sein: Geld zum Fenster hinaus|werfen, mit beiden Händen aus|geben, auf den Kopf hauen, verpulvern, verbraten, verballern; bei jmdm. sitzt das Geld locker

sparsam sein: sein Geld zusammen|halten, etw. auf die hohe Kante legen

von etw. leben (einem Vermögen, seiner Arbeit)
zu etw. kommen (Geld, einer Ehre)
mit etw. umgehen können (Geld, Verantwortung)
in etw. schwimmen (Geld)
sich etw. für sein Geld leisten
auf seinem Geld sitzen
etw. in Umlauf bringen (Bargeld, Banknoten)

an|fallen (Kosten)
etw. ab|buchen (Geld)
etw. ab|fragen (den Kontostand, Informationen)
etw. ab|rufen (Informationen)
etw. begleichen (eine Schuld, eine Rechnung)
etw. ein|richten (ein Konto, einen Dauerauftrag, ein Postfach)
etw. ein|ziehen (Geldbeträge von einem Konto)
etw. gut|schreiben (eine Summe, die Zinsen)
etw. erlassen (Schulden)
etw. ermitteln (einen Wert)
knausern (mit seinem Geld, mit Worten)
etw. tätigen (ein Geschäft, eine Zahlung, einen Kauf)
etw. tilgen (Schulden)
etw. überziehen (ein Konto)
etw. mit etw. verrechnen (Schulden mit Guthaben)
etw. vor|nehmen (eine Zahlung, eine Auswahl)

Wirtschaft

der Anreiz, -e
die Konjunktur, -en
die Marktposition, -en
der Preisverfall (nur Sg.)
das Quartal, -e
der Standort, -e
die Steuervergünstigung, -en
die Subvention,-en

angespannt (die Wirtschaftslage)
anhaltend (eine Krise, ein Zustand)
börsennotiert (ein Unternehmen)
desaströs (eine Auswirkung, eine Entwicklung)
desolat (die Wirtschaft, die Haushaltskasse)
ein-/zwei-/dreistellig (eine Summe)
getrübt (die Laune, die Stimmung)
insolvent (ein Unternehmen)
klamm (eine Person, eine Kasse)
labil (die Wirtschaft)
marktbeherrschend (ein Unternehmen)
prekär (die Wirtschaftslage, eine Beschäftigung)
rentabel (ein Geschäft)
robust (die Wirtschaftslage)
schleppend (eine Entwicklung)
schwankend (die Konjunktur, die Entwicklung)
sprunghaft (der Anstieg, die Teuerung)
turbulent (die Konjunktur, die Entwicklung)
verhalten (die Stimmung)
zügig (eine Entwicklung)

etw. ab|werfen (Gewinn)
etw. an|kurbeln (die Wirtschaft, die Konjunktur)
etw. an|siedeln (Unternehmen, Industrie)
an|ziehen (die Konjunktur, die Wirtschaft)
boomen (die Wirtschaft)
etw. decken (die Nachfrage, einen Bedarf)
etw. ein|kalkulieren (Kosten, Verluste)
florieren (die Wirtschaft)
kränkeln (die Konjunktur, die Wirtschaft)
schrumpfen (das Wachstum, die Wirtschaft)
stagnieren (eine Entwicklung, die Wirtschaft)
etw. verzeichnen (Gewinne, Verluste)
Konkurs an|melden
Arbeitsplätze schaffen
ein positives/negatives Klima (für Investitionen)

die Inflation: die Geldentwertung = der Kaufkraftverlust = die Teuerung = die Preissteigerung

das Gemeinwohl (nur Sg.)
das Pro-Kopf-Einkommen (nur Sg.)
das Bruttoinlandsprodukt (meist Sg.)
die Postwachstumsökonomie (nur Sg.) (*post-* = lateinisch: *nach*)
die Spirale, -n
die Suffizienz (nur Sg.)

1 Wiederholung

1 Was passt? Geld kann man ... Ergänzen Sie.

○ vertreten ○ verdienen ○ abheben ○ ausgeben ○ sparen ○ geizen

○ verschenken ○ entschuldigen ○ schulden ○ einnehmen ○ überweisen

2 Verschiedene Arten von Geld: Ergänzen Sie.

Beiträge • Gehalt • Kosten • Lohn • Pension • Steuern • Taschengeld • Trinkgeld

Wenn man einer Erwerbstätigkeit nachgeht, bekommt man einen (1) ______________ oder ein (2) ________________. Einen Teil davon zahlt man als (3) ____________________ an den Staat, außerdem muss man seine (4) ___________________ zur Sozialversicherung bezahlen. Im Alltag hat man auch Ausgaben: Die (5) __________________ für Wohnung und Lebenshaltung, das (6) _________________ für die Kinder und Ausgaben für Freizeit und Konsum, zum Beispiel für Restaurantbesuche – (7) _______________________ für die Servicekraft inklusive. Nach dem Ende der Erwerbstätigkeit geht man in den Ruhestand und bekommt eine Rente oder (8) ____________________.

3 Ergänzen Sie die Präfixe.

An einem Geldautomaten kann man Geld (1) ______heben. Der Automat zahlt einem das Geld (2) ______. An einigen Automaten kann man auch selbst Geld (3) ______zahlen. Das wird dann dem Konto (4) ______geschrieben. Um den Automaten nutzen zu können, muss man zuerst die Karte (5) ______führen und dann den PIN (6) ______geben. Man wählt den gewünschten Betrag (7) ______ und (8) ______nimmt das Geld.

4 Was passt? Markieren Sie. Mehrere Lösungen können richtig sein.

1. Einen Auftrag kann man *erteilen / annehmen / ausführen.*
2. Ein Produkt kann man *gründen / vermarkten / bewerben.*
3. Ein Unternehmen kann man *retten / führen / auflösen.*
4. Arbeitskräfte kann man *anstellen / erlassen / entlassen.*
5. Arbeitsbedingungen kann man *behandeln / ausführen / aushandeln.*
6. Kredite kann man *aufnehmen / abnehmen / abzahlen.*

5 Was gehört zusammen? Ergänzen Sie.

1. Gewinn und ____________________
2. Angebot und ____________________
3. Soll und ____________________
4. Einnahmen und ____________________
5. Kosten und ____________________
6. Waren und ____________________
7. Kauf und ____________________
8. Vertrieb und ____________________

Nutzen · Verlust · Dienstleistungen · Marketing · Nachfrage · Ausgaben · Verkauf · Haben

2 Finanzen

1 Ist die Person verschwenderisch, sparsam oder geizig? Kreuzen Sie an.

	verschwenderisch	sparsam	geizig
1. Sie wirft das Geld zum Fenster hinaus.	○	○	○
2. Sie hält ihr Geld zusammen.	○	○	○
3. Bei ihr sitzt das Geld recht locker.	○	○	○
4. Sie sitzt auf ihrem Geld.	○	○	○
5. Sie knausert mit ihrem Geld.	○	○	○
6. Sie gibt das Geld mit beiden Händen aus.	○	○	○
7. Sie legt immer wieder etwas auf die hohe Kante.	○	○	○
8. Wenn sie Geld hat, haut sie es sofort auf den Kopf.	○	○	○
9. Sie ist ein alter Geizkragen.	○	○	○

2 Ergänzen Sie die richtige Präposition.

1. Beim Poker und Skat kann mit seinen Freundinnen und Freunden ______ Geld spielen.
2. Die meisten Menschen leben ______ dem Geld, das sie durch ihre Arbeit verdienen.
3. Um eine Firma zu gründen, braucht man Kapital. Man muss irgendwie ______ Geld kommen.
4. Er ist oft pleite, weil er gar nicht ______ Geld umgehen kann.
5. Die Familie ist reich. Sie schwimmt geradezu ______ Geld.
6. Hin und wieder möchte man sich etwas ______ sein Geld leisten.

3 Was passt? Markieren Sie. Je zwei Lösungen sind richtig.

1. Bankgeschäfte *tätigen / errichten / erledigen*
2. ein Konto *einrichten / überziehen / blockieren*
3. eine Zahlung *vornehmen / bezahlen / tätigen*
4. einen Dauerauftrag *einrichten / ausrichten / kündigen*
5. Schulden *begleichen / tilgen / eröffnen*
6. den Kontostand *abnehmen / abrufen / abfragen*
7. einen Kredit *aufnehmen / erlauben / gewähren*

4 Welche Bezahlung passt? Verbinden Sie.

Man bekommt …

1. für einen Auftritt als Künstlerin oder Künstler eine ____
2. für eine Tätigkeit beim Militär, z. B. als Soldat seinen ____
3. für eine ehrenamtliche Tätigkeit z. T. eine geringe ____
4. als Mannschaftsmitglied auf einem Schiff eine ____
5. für Leistungen als Freiberuflerin oder Freiberufler ein ____
6. für eine Tätigkeit als Beamtin oder Beamter eine ____
7. für das Geld, das man auf der Bank hat, oft keine ____

a) Honorar.
b) Besoldung.
c) Zinsen.
d) Gage.
e) Heuer.
f) Sold.
g) Aufwandsentschädigung.

5 *-frei* oder *-los*? Markieren Sie. Manchmal passt beides.

1. Wenn man auf bestimmte Einkünfte keine Steuern zahlen muss, sind sie *steuerfrei/steuerlos*.
2. Von Verwandten bekommt man manchmal einen *zinsfreien/zinslosen* „Kredit".
3. Wer keine Schulden gemacht oder alle seine Schulden beglichen hat, ist *schuldenfrei/schuldenlos*.
4. Mit der Kreditkarte ist der Zahlungsverkehr *bargeldfrei/bargeldlos*.
5. Wenn man Glück hat, wird eine Wohnung *provisionsfrei/provisionslos* vermietet, und vom Vormieter kann man zum Beispiel die Küche *ablösefrei/ablöselos* übernehmen.
6. Das Praktischste ist aber, wenn man komplett *mietfrei/mietlos* wohnen kann.
7. Wer über keine finanziellen Mittel verfügt, ist *mittelfrei/mittellos*.

TIPP *-frei* ist man eher von etwas Negativem, *-los* drückt selbst eher etwas Negatives aus.

6 Ergänzen Sie die Verben in der richtigen Form.

[abbuchen • erlassen • ermitteln • gutschreiben • verrechnen • voraussetzen]

1. Jetzt bei Immo365: Lassen Sie den aktuellen Wert Ihrer Immobilie ____________________.
2. Vielen Dank für Ihre Bestellung! Der Betrag wird in Kürze von Ihrem Konto ____________________.
3. Sie erhalten eine Rückzahlung von 90 Euro, die Ihrem Kundenkonto ____________________ oder mit Ihren Schulden ____________________ wird.
4. 5.000 Euro Sofort-Kredit: Erfüllen Sie sich Ihre Träume! Jetzt in wenigen Minuten online – Ihre Bonität ____________________.
5. Bei vorzeitiger Rückzahlung des Darlehens können bis zu 30 Prozent ____________________ werden.

7 Was passt? Verbinden Sie.

1. Die Zentralbanken bringen Geld in ____ a) Devisen.
2. An der Börse handelt man ganz allgemein mit ____ b) Tilgungsplan.
3. Wer Aktien hat, bekommt eine ____ c) Dividende.
4. Regelmäßige Überweisungen macht man per ____ d) Wertpapieren.
5. Für die Rückzahlung von Schulden gibt es oft einen ____ e) Umlauf.
6. Gelder, die in fremden Währungen vorliegen, sind ____ f) Dauerauftrag.

8 Welches Nomen passt? Ergänzen Sie.

1. jemandem einen Geldbetrag *gutschreiben*: die ____________________
2. jemandem bestehende Schulden *erlassen*: der Schulden____________________
3. eine *Privat*person, die ihr Geld z. B. in Wertpapieren *anlegt*: der ____________________, die ____________________
4. *Kosten*, die jeden Monat *fix* (= fest) anfallen: die ____________________
5. eine Person, die an der Börse *spekuliert*: die ____________________, der ____________________
6. eine Erlaubnis, mit der man eine Person oder ein Unternehmen *ermächtigt*, Geld vom eigenen Konto *einzuziehen*: die ____________________

3 Wirtschaft

1 Wie ist die Wirtschaftslage? Ordnen Sie zu.

positiv	negativ	unterschiedlich

boomend schwankend günstig stabil robust florierend desaströs desolat dynamisch unbeständig angespannt turbulent wechselhaft labil prekär

2 Finden Sie acht Verben und ergänzen Sie sie in der richtigen Form.

alruverankurbelndugabanmeldengeranverzeichnenparfeldeckengransiedelnzerbschaffenlertätigensibkraabwerfenher

1. Das Unternehmen ist insolvent. Es muss Konkurs ______________________.
2. Wann wird das Geschäft endlich rentabel? Bisher hat es keinen Gewinn ______________________.
3. Da die Nachfrage das Angebot übersteigt, wissen wir noch nicht, wie wir sie ______________________ können.
4. Die Firma plant, im nächsten Quartal erhebliche Investitionen zu ______________________.
5. Die Landesregierung möchte an diesem Standort Unternehmen ______________________ und auf diese Weise Arbeitsplätze für die Region ______________________.
6. Verschiedene Branchen ______________________ derzeit große Verluste. Mit einem Konjunkturpaket versucht die Politik dagegenzuhalten und die Wirtschaft wieder ______________________.

3 Was passt? Markieren Sie. Mehrere Lösungen können richtig sein.

1. ein *zweistelliges / börsennotiertes / marktbeherrschendes* Unternehmen
2. eine *anhaltende / bedauernde / globale* Wirtschaftskrise
3. ein *sprunghafter / rennender / stolpernder* Preisanstieg
4. eine *kalte / anziehende / schwächelnde* Konjunktur
5. eine *dreistellige / insolvente / gedeckte* Summe
6. *einkalkulierte / florierende / explodierende* Kosten
7. eine *verhaltene / geklärte / getrübte* Stimmung
8. eine *fahrende / zügige / schleppende* Erholung der Wirtschaft
9. eine *führende / dominante / beherrschende* Marktposition

4 Was sind die Folgen einer Inflation? Kreuzen Sie an.

- ○ die Geldentwertung
- ○ der Kaufkraftverlust
- ○ die Teuerung
- ○ der Wertverlust
- ○ der Rabatt
- ○ die Preissteigerung
- ○ die Vergünstigung
- ○ der Preisverfall

5 Was passt? Markieren Sie.

Bürger*innenversammlung zum Thema „Unseren Standort stärken“

Unter reger Beteiligung fand am Samstagnachmittag die Bürger*innenversammlung zum Thema „Unseren Standort stärken“ statt. Bürgermeister Milan Svoboda stellte zu Beginn die Idee des Gemeinderats vor, die Konjunktur in der Region (1) *anzufahren/anzukurbeln/aufzudrehen*. „Ganz wichtig ist, dass wir (2) *Effekte/Attraktionen/Anreize* für Investitionen schaffen – sei es über (3) *Subventionen/Substitutionen/Subunternehmen* oder über Steuervergünstigungen für Unternehmen, die sich hier (4) *anwohnen/begründen/ansiedeln* möchten“, so Svoboda. Wenn es gelänge, ein positives (5) *Wetter/Klima/Tempo* für Investitionen zu schaffen, würde sich die Gemeinde bald auch überregional zu einem interessanten (6) *Wohnort/Wirtschaftszweig/Standort* für Industrie und Dienstleistungen entwickeln, meint er. Davon verspricht er sich nicht nur Geld für die (7) *klamme/nasse/feuchte* Gemeindekasse, sondern auch die (8) *Errichtung/Schaffung/Anstellung* neuer Arbeitsplätze. Das würde der Gemeinde Wachstum und (9) *Gleichstand/Wohlstand/Höchststand* bringen. Bei der anschließenden Diskussion […]

6 Lösen Sie das Kreuzworträtsel und finden Sie das Lösungswort.

1. Wirtschaftswachstum kann, da es an die natürlichen Ressourcen der Erde gekoppelt ist, nicht endlos sein. Es ist daher wichtig, sich Gedanken über eine Zeit *nach dem Wachstum* zu machen – und eine ____ wachstumsökonomie zu entwickeln.
2. Für die Produktion besonders nachhaltiger Produkte sollte es ____vergünstigungen geben.
3. Das Pro-____-Einkommen (PKE) ist der durchschnittliche Verdienst einer Einzelperson pro Jahr in einem bestimmten Land.
4. Die ____ eines zukunftsfähigen Wirtschaftssystems ist eine wichtige politische Aufgabe.
5. Das Brutto____sprodukt (BIP) gibt den Wert aller Waren und Dienstleistungen an, die in einem Jahr in einem Land erwirtschaftet werden.
6. Im bestehenden Wirtschaftssystem ist die Wirtschaft *gezwungen*, weiterzuwachsen. Man spricht daher auch von Wachstums____.
7. Das Wirtschaftswachstum wird oft mit einer ____ verglichen, die sich immer weiter hochschraubt.
8. Ökonom*innen setzen auf Wachstum. Sie wissen noch nicht, wie man mit einem eventuellen ____ der Wirtschaft in der Zukunft umgehen soll.
9. Kritiker*innen sagen, dass PKE und BIP nicht geeignet sind, den tatsächlichen ____ einer Gesellschaft zu messen.
10. Statt ____ für mehr Konsum zu schaffen, sollte die Politik eine nachhaltige Wirtschaft fördern.

						1	P							
					2		T							
					3			P						
				4		C				F				
								5		N				
								6			A			
						7		P						
8	S				U		P							
	9	W				S								
			10	A		R								

Lösung: ____________________ bedeutet Genügsamkeit. Im Zusammenhang mit Wirtschaftswachstum geht es dabei um einen möglichst geringen, nachhaltigen Konsum, der sich an dem orientiert, was man tatsächlich benötigt.

14 Lösungen

Selbsttest

A Begegnungen

1 1b; 2f; 3h; 4e; 5g; 6a; 7d; 8c

2 1. ausreden 2. signalisiert 3. teilen 4. weiter 5. bringst 6. triffst

3 1. Gesichtsausdruck 2. Stimmlage 3. Gesicht 4. Schultern 5. Wort 6. Sprache

4 1. aufmuntern 2. hintergeht 3. vernachlässigst 4. ablenken 5. ausnutzen

B Arbeit

1 1. Arbeitnehmer 2. Arbeitgeber 3. Arbeitslosigkeit 4. Arbeitsalltag 5. Arbeitsessen 6. Arbeitsschutz 7. Arbeitsbedingungen

2 1. Stellenanzeigen 2. Anschreiben 3. Lebenslauf, Anhang 4. Rechnung 5. Kündigung 6. Arbeitszeugnis

3 1. abschließen, abbrechen 2. annehmen, ausschreiben 3. bewältigen, erfüllen 4. erbringen, steigern 5. stecken, investieren 6. weiterbilden, fortbilden 7. scheitern, Erfolg haben 8. beantragen, nehmen 9. machen, haben

C Gesundheit

1 1b; 2a; 3d; 4f; 5c; 6e

2 ansteckend, gefährlich, chronisch, tödlich, langwierig, schmerzhaft

3 1. ver-, ent- 2. an, ab- 3. auf-, aus- 4. an-, des- 5. ver-, aus-

4 1. die Schürfwunde 2. der Schnitt 3. der blaue Fleck 4. der Biss 5. die (Muskel-)Zerrung 6. der (Knochen-) Bruch 7. der Stich

D Gesellschaft

1 -heit: die Minderheit, Gleichheit, Menschheit, Gewaltfreiheit, Betroffenheit; -keit: die Menschlichkeit, Gerechtigkeit, Feindlichkeit, Gesetzmäßigkeit, Staatlichkeit

2 füreinander eintreten, Brüderlichkeit, einander unterstützen, Zusammengehörigkeitsgefühl, Zusammenhalt, Hilfsbereitschaft, Gemeinschaft

3 1. Grundsätze, Sitten 2. Minderheiten, verschiedene Schichten 3. Menschenrechte 4. eine religiöse Gemeinschaft, Andersdenkende 5. ein Recht, die Demokratie 6. Normen, Vorschriften, Verbote

4 2. die Bildung 3. der Rückgang 4. das Wachstum 5. die Teilhabe 6. der Besitz 7. die Zunahme

E Umwelt

1 1. der Klimawandel 2. die Dürre 3. die Hitzewelle 4. der Wirbelsturm 5. die Überschwemmung 6. das Erdbeben

2 1c; 2e; 3a; 4d; 5b

3 1. schmelzen, tauen ab 2. heizt sich auf, erhitzt sich, erwärmt sich 3. steigt an 4. breiten sich aus, brechen aus 5. tritt aus, wird freigesetzt

4 1. Laubbäume 2. Blätter 3. der Fläche 4. -arten 5. Speicher 6. Sauerstoff 7. abgeholzt 8. Bergbau 9. Brände

F Institutionen

1 1. fällig 2. gefälscht 3. anerkannt 4. vertraulich 5. rechtskräftig 6. erforderlich

2 1. ausgestellt 2. erteilt 3. stattgegeben 4. eingereicht 5. eingelegt 6. eingehalten 7. nachgekommen 8. gesetzt 9. bewilligt 10. erbracht

3 1. Zahlungserinnerung, Mahnung 2. Eingangsbestätigung 3. Steuererklärung 4. Eheschließung 5. Beglaubigung

1 Alltag

1 Wiederholung

1 sprechen: 2, 7, 9; gehen: 1, 3; lachen: 4, 8, 10; essen: 5, 6

2 1H, 2G, 3A, 4C, 5O, 6K, 7F, 8J, 9L, 10D, 11B, 12N, 13I, 14M, 15E

3 1. unterbringen 2. aussortieren 3. zulegen 4. aufbewahren 5. loswerden

2 Tätigkeiten

1 1. schleichen 2. wanken 3. marschieren 4. schreiten 5. humpeln 6. schlendern

2a umgangssprachlich: 2, 3, 4, 6, 8, 10; gehoben: 1, 9; sachlich: 5, 7

2b 1. schlingen, etwas in sich hineinschaufeln 2. etwas herunterwürgen 3. sich den Bauch vollschlagen 4. ein bisschen zu tief ins Glas schauen

3 1f, 2e, 3g, 4b, 5c, 6a

4a 2. Kopf 3. Lachen 4. Lachen 5. Lachen 6. dastehen 7. Gesicht 8. Lachen 9. Pudel 10. Elend 11. lachen 12. Lachen

4b positiv: 1, 3, 4, 8, 11, 12; negativ: 2, 5, 6, 7, 9, 10

5 1. geschlendert 2. humpelst 3. prusten 4. schlafen 5. schleichst 6. wankt 7. einkriegen 8. isst

3 Gegenstände

1 1c der Flaschenhals; 2e das Tischbein, das Stuhlbein; 3f der Buchrücken; 4a der Lampenfuß; 5b der Leuchterarm; 6d der Nagelkopf

2 1. der Reißverschluss 2. die Rückenlehne 3. das Schnürband 4. die Armlehne 5. der Klettverschluss 6. die Knopfleiste 7. die Steckerleiste 8. die Kopflehne 9. der Schnürstiefel

3 Möbelstücke: die Eckbank, der Schaukelstuhl, der Hängesessel, der Couchtisch; Kleidungsstücke: der Hosenträger, die Strickjacke, der Strickpulli, der Rollkragenpulli, der Filzpantoffel, der Bademantel, das Seidentuch; Werkzeuge: die Wasserwaage, die

Bohrmaschine, die Kettensäge, die Schneeschaufel; Küchenutensilien: die Bratpfanne, die Küchenmaschine, der Stabmixer, die Schaumkelle, der Schneebesen; Heimtextilien: das Geschirrhandtuch, das Bettlaken, das Tischtuch, die Tischdecke

4 1. der Schneebesen 2. die Kettensäge 3. die Schneeschaufel 4. die Bohrmaschine 5. die Wasserwaage 6. das Geschirrhandtuch 7. der Schaukelstuhl, der Hängesessel 8. der Stabmixer, die Küchenmaschine

5 2. der Reiskocher 3. der Gemüseschäler 4. der Farbverdünner 5. der Fahrradlenker

2 Eigenschaften und Gefühle

1 Wiederholung

1 1c; 2a,c; 3a; 4c

2 1. charmant 2. geduldig 3. empfindlich 4. zuverlässig 5. aufgeschlossen 6. misstrauisch 7. mutig

3 positiv: 1, 4, 7, 8, 9, 12; negativ: 2, 3, 5, 6, 10, 11

4 1. Kälte, Angst; 2. Wut, Trauer, Erleichterung; 3. Anspannung, Stress; 4. Überraschung, Schreck; 5. Aufregung, Verliebtheit

2 Eigenschaften

1 2. schiefe 3. Falten, Sommersprossen 4. lückenloser 5. Hakennase 6. Schmollmund 7. Rehaugen 8. Allerweltsgesicht

2 2. Hüne 3. kugelrund 4. hager 5. schmächtig 6. schlaksig 7. wohlgenährt 8. knochig 9. gedrungen 10. athletisch

3 unehrlich, gemein: heimtückisch, hinterhältig, verschlagen; naiv: blauäugig, gutgläubig, treuherzig; faul: antriebsarm, phlegmatisch, träge; bedrohlich: angsteinflößend, beängstigend, furchterregend; auf Streit aus: provokant, streitsüchtig, zänkisch

4 1b; 2f; 3g; 4c; 5d; 6e; 7a

5 1. -hocker 2. -bestie 3. -teufel 4. -pelz 5. -eule 6. -vogel

6 1. Putzteufel 2. Intelligenzbestie 3. Faulpelz 4. Nachteule 5. Stubenhocker 6. Pechvögel

3 Gefühle

1a … sich … hineinzuversetzen, … nachzuempfinden, … nachzuvollziehen, … (Freude oder Ärger) teilen, … (Gefühle) … nachzufühlen

1b 1. jmdn. bedauern 2. jmds. Perspektive einnehmen 3. die Empathie, das Einfühlungsvermögen 4. jmdn. ablenken 5. Trost spenden 6. affektiv, emotional 7. rational 8. Frohsinn 9. Leid erfahren 10. Sensibilität 11. Kummer

2 1c; 2a; 3b; 4f; 5d; 6e

3 1. rosarote 2. gelb oder grün 3. grauen 4. rot 5. schwarz

4a 1. Gleich- 2. Über- 3. Wage- 4. Hoch- 5. Weh- 6. Schwer-

4b 1. Übermut 2. Wagemut 3. Schwermut 4. Gleichmut 5. Wehmut

3 Kommunikation und Medien

1 Wiederholung

1 1. ein 2. aus 3. über- 4. unter- 5. miss-

2 1. einen Eindruck, Wissen 2. einer Frage, einer Diskussion 3. ein Gespräch, einen Streit 4. einen Aspekt, ein Thema, eine Person 5. Kritik, Unverständnis, Interesse 6. eine Meinung 7. eine Rede, einen Vortrag 8. ein Gespräch, ein Interview

3 1. sharen 2. Social Media 3. Post 4. Gaming 5. User, Userin 6. Account

2 Kommunikation

1 schreien: johlen, kreischen; flüstern, leise sprechen: murmeln, tuscheln; sich unterhalten: schwatzen; Gerüchte verbreiten: lästern, tratschen; sich beschweren: meckern, nörgeln; undeutlich sprechen: lallen, stottern

2 2. bezeugen 3. beknien 4. belächeln 5. bezweifeln 6. beteuern 7. beschimpfen 8. bestreiten 9. belauschen

3 1. johlte 2. bestritt 3. bekniete 4. meckerten/nörgelten 5. meckerten/nörgelten 6. lallte 7. beschimpfen 8. stotterte

4 1. vortragen 2. verwickeln 3. abgeben 4. lüften 5. ablegen 6. überbringen 7. aufwirft 8. vorzubringen

5 1d; 2g; 3a; 4e; 5b; 6i; 7c; 8k; 9h; 10f; 11j

6 gesprächig, redselig, geschwätzig, mitteilsam, kommunikativ, mitteilungsbedürftig

3 Medien

1a aufrechterhalten, pflegen, knüpfen, abbrechen, suchen, herstellen, verlieren, vermitteln, aufnehmen

1b 1. verloren 2. abgebrochen 3. pflegen, aufrechterhalten 4. suche/knüpfe, herstellen/vermitteln

2 1. Auszeit 2. Entgiftung 3. Streamingdienste 4. Hier und Jetz 5. eingeloggt 6. checken 7. das Belohnungssystem 8. Suchtpotenzial 9. aus der Hand zu legen 10. Sinnen

3 1. ausblenden 2. abweichen 3. designen 4. generieren 5. Prognose 6. Suchbegriff 7. Algorithmus 8. filtern 9. ableiten 10. verlagern 11. resultieren 12. Polarisierung 13. Gleichgesinnte 14. konfrontieren 15. Diskurs 16. selektiv 17. gesamtgesellschaftlich 18. Fragmentierung

4 Landwirtschaft und Ernährung

1 Wiederholung

1 1. das Getreide 2. das Rind 3. der Traktor 4. die Landwirtin 5. der Pflug 6. das Feld 7. die Pute 8. der Stall

2 Pflanzenbau: anbauen, anpflanzen, bewässern, ernten, säen, züchten; Tierhaltung: füttern, halten, schlachten, tränken, treiben, züchten

3 1c; 2a; 3d; 4e; 5b

4 etwas enthalten, aus etwas bestehen, sich aus etwas zusammensetzen

2 Landwirtschaft

1 1. Ackerbau 2. Viehzucht 3. Hektar 4. Erzeugnis 5. Pflanzenschutzmittel 6. Agrarwirtschaft 7. Düngemittel 8. Acker 9. Nutztiere 10. Fischmehl 11. Futtermittel 12. Freilandhaltung 13. Weiher 14. forstwirtschaftlich 15. Artenvielfalt 16. Monokultur 17. Lebensraum 18. landwirtschaftliche Betrieb

2 1d: das Gegacker; 2f: das Gegurre; 3e: das Gegrunze, das Gequieke; 4a: das Geblöke; 5c: das Gesumme; 6b: das Gebell, das Gekläffe; 7h: das Gezwitscher; 8g: das Gequake, das Geschnatter

3 die Herde: Schafe, Kühe, Ziegen; das Rudel: Wölfe, Hirsche, Hunde; der Schwarm: Mücken, Bienen, Vögel; die Schar: Hühner, Wachteln, Enten

4a 1. die Melkmaschine 2. der Mähdrescher 3. der Viehtransporter 4. das Pflanzenschutzgerät 5. die Pflanzmaschine 6. die Güllepumpe

4b 1. Pflanzmaschine 2. Pflanzenschutzgerät 3. Melkmaschine 4. Viehtransporter 5. Güllepumpe 6. Mähdrescher

3 Ernährung

1 1. Gelatine 2. klären 3. Tierwohl 4. Massentierhaltung 5. empfindungsfähig 6. der Schlachthof 7. erwiesenermaßen 8. Lebenserwartung 9. Verteilungsgerechtigkeit 10. Weidefläche 11. der Flächenverbrauch 12. abholzen 13. erschließen 14. Bilanz

2 Getreide: Weizen, Hafer, Roggen, Gerste; Geflügel: Huhn, Pute, Ente, Gans; Gemüse: Kürbiss, Rosenkohl, Chicorée, Zwiebel; Gebäck: Zimtstern, Vanillekipferl, Krapfen, Spekulatius; Gewürze: Kreuzkümmel, Dill, Nelke, Kardamom

3 1. Verdauungssystem 2. Darm 3. Ballaststoffe 4. sättigen 5. verwerten 6. unverdaulich

5 Körper und Medizin

1 Wiederholung

1 1. Lunge 2. Darm 3. Leber 4. Nieren 5. Magen 6. Blase

2 1c; 2e; 3a; 4d; 5b

3 1. verbunden 2. angelegt 3. abgenommen 4. desinfiziert 5. abgegeben 6. gemessen 7. geröntgt 8. dokumentiert

2 Körper und Krankheiten

1 das Schienbein, die Rippe, der Schädel, der Wirbel, das Schlüsselbein, das Nasenbein, das Steißbein, das Jochbein

2 1. der Bauchnabel 2. die Hüfte 3. die Wade 4. die Achillessehne 5. die Wirbelsäule 6. die Ohrmuschel 7. die Schläfe 8. das Nasenloch 9. der Oberkiefer 10. der Unterkiefer 11. der Kehlkopf

3 2. venös 3. porös 4. adipös 5. infektiös 6. komatös 7. muskulös

4a 1. Herzinfarkt 2. Krebserkrankung 3. Schlaganfall 4. Diabetes

4b 1. Gewebe 2. Blutgerinnsel 3. Störung 4. Tumor 5. Metastase 6. Zelle 7. Lähmung 8. Stoffwechsel 9. Gehirnareal

3 Medikamente und Behandlungen

1 1. Wirkstoff 2. Anwendungsgebiete 3. Gegenanzeige 4. Nebenwirkungen 5. Dosierung

2 1g; 2a; 3i; 4b; 5h; 6e; 7d; 8c; 9f

3 1. aufklären, überweise, kranschreiben; 2. ausstellen; 3. stellen, anzweifeln; 4. durchführen; 5. aufsuchen, konsultieren; 6. verschreiben, einnehmen; 7. auslösen, heilen; 8. stillen, stoppen

4 1. Fehlernährung 2. auftreten 3. Gefäße 4. Karies 5. verlaufen 6. ausgerottet 7. bakteriell 8. Errungenschaft 9. Essstörungen 10. heilbar 11. Isolation 12. Bluthochdruck

6 Arbeit und Beruf

1 Wiederholung

1 2. ab 3. be 4. durch 5. durch 6. ab 7. ein 8. ein 9. ein 10. hin 11. aus 12. durch 13. zu 14. über 15. ein

2 1e; 2d; 3b; 4a; 5c

3 1. gesorgt 2. gestellt 3. gesetzt 4. getroffen 5. erzielt

2 Bewerbung

1 1. Begeisterungsfähigkeit 2. Kommunikationsfähigkeit 3. Konfliktfähigkeit 4. Kritikfähigkeit 5. Organisationsfähigkeit 6. Teamfähigkeit

2 1e; 2c; 3b; 4g; 5d; 6a; 7f

3 1. mittelständisches 2. nächstmöglichen 3. eigenverantwortliche 4. einschlägige 5. fundierte 6. gängiger 7. flache 8. kollegialen 9. angemessene

4 2d inkonstant; 3c inadäquat; 4a inakzeptabel; 5f inkonsequent; 6g indiskret; 7e informell

5 1. Erkrankung/Behinderung 2. Behinderung/Erkrankung 3. Barrierefreiheit 4. Migrationshintergrund 5. Fachkräfte 6. erwerbslos 7. suchtkranken 8. Begleitung 9. Richtlinien 10. Diversity

3 Der Arbeitsmarkt

1a 1. Segmenten, Bereichen 2. Wohlstand 3. Wandels 4. allgemeiner, flächendeckender 5. Besetzung 6. Hemmnis, Hindernis 7. hervorgeht, ersichtlich wird 8. arbeitsfähigen, erwerbsfähigen 9. nachrücken 10. Nachwuchskräfte 11. entgegengewirkt 12. auszugleichen, zu kompensieren, aufzufangen 13. Bündel, Paket 14. Zuwanderung, Einwanderung, Immigration 15. Zugangsvoraussetzungen 16. verglichen mit, gemessen am, im Vergleich zum 17. erwerbstätig 18. Vereinbarkeit

1b 1. altern 2. flächendeckend 3. geburtenstark 4. Mangel 5. gezielt 6. erhöhen

2 1. beabsichtigen 2. nachträglich 3. erhalten 4. Drittstaat 5. Zwecke 6. vorschreiben 7. bedürfen 8. Erteilung

9. Arbeitsaufnahme 10. Verfahren 11. reglementiert; Lösung: Anerkennung

7 Geräte und Verfahren

1 Wiederholung

1 1. aufstellen, abbauen, sichern 2. ablesen 3. warten, instand halten, instand setzen 4. verlegen 5. austauschen, auswechseln, aufladen 6. schließen, aufdrehen 7. fertigen, herstellen, verbauen

2 1. Nutzerfreundlichkeit 2. Fehlermeldung 3. Leistung 4. Ladezeit 5. Laufzeit 6. Funktion 7. Betrieb 8. Tastatur

3 1. fehlgeschlagen 2. zugreifen 3. halten 4. trockengelegt 5. optimieren 6. abgebrochen 7. stürzt er ab

4 1f; 2d; 3c; 4g; 5a; 6b; 7e

2 Der Umgang mit Geräten

1 1. befugt, Unbefugte 2. innerbetrieblichen, zugelassen 3. manuell 4. vorschriftsmäßig 5. behelfsmäßig

2 1. umkippen 2. herunterfallen, abrutschen 3. herabfallen, jemanden treffen 4. quetschen 5. verätzen 6. zuziehen 7. bekommen 8. aufwickeln, einziehen 9. stolpern

3 1. Späne 2. Winkel 3. Zündschlüssel 4. Werkstück 5. Trittfläche 6. Verwendungszweck 7. Kühlmittel 8. Plakette 9. Schwerpunkt 10. Höchstlast

4 1. Umkippen 2. Abrutschen 3. Werkzeuge 4. Schwerpunkt 5. Trittfläche 6. Verwendungszweck 7. Winkel 8. Leitern 9. rotierende 10. Späne 11. Schnitt- 12. Kühlmitteln 13. vorschriftsgemäß 14. Stolpern 15. unbefugte 16. Umkippen 17. befugte 18. Zündschlüssel 19. Plakette 20. innerbetriebliche 21. Höchstlast

3 Verfahren beschreiben

1 1c; 2d; 3f; 4e; 5b; 6g; 7a

2 2. Wir stellen die gängige Lehrmeinung in Frage. 3. Wir konnten einen Beweis für unsere Annahme erbringen. 4. Wir mussten unsere Behauptung verwerfen./Wir haben unsere Behauptung verworfen. 5. Unser gemeinsames Ziel muss sein, uns mehr Wissen anzueignen. 6. Wir haben die Schlussfolgerung gezogen, dass unsere Annahme richtig war. 7. Wir gehen der Frage nach, wie es zu diesem Phänomen kommen konnte.

3 Bestätigung: 1, 3, 6, 8, 9 Widerlegung: 2, 4, 5, 7, 10

4 1. eine Annahme nahelegen, ein Anhaltspunkt für etwas sein. 2. eingehend überprüfen, herleiten 3. Aufschluss über etwas geben, Daten liefern 4. erbracht werden, schlüssig und überzeugend sein, untrüglich sein 5. Menschen sensibilisieren, ihr Augenmerk auf etwas lenken, etwas revidieren 6. relativieren

5 1c; 2g; 3f; 4d; 5a; 6b; 7h; 8e

6 2. hypothetisch 3. dogmatisch 4. Empirisch 5. zyklisch 6. Analog 7. heterogen

8 Infrastruktur

1 Wiederholung

1 Autos, Lieferwagen und Lkw: die Kupplung, das Lenkrad, die Karosserie, die Stoßstange; Fahrräder und E-Bikes: Pedale, der Lenker, die Kette, der Rahmen; Schiffe: das Steuerrad, das Deck, der Mast, das Segel; Züge: Schienen, die Lokomotive, der Bahnsteig, die Eisenbahn

2 1. Zahlungsverkehr 2. Pendelverkehr 3. Ersatzverkehr 4. Nah- und Fernverkehr 5. Schienenverkehr 6. Güterverkehr 7. Grenzverkehr

3 1. ausstoßen, freisetzen 2. behindern, einschränken 3. ausbauen, nutzen 4. reduzieren 5. einführen, diskutieren, beschließen 6. verursachen 7. bauen, verschulden

4 der Umstieg, die Umstellung, der Wandel, die Veränderung, das Umdenken

2 Versorgung und Energie

1 1. fließen 2. ausgebaut werden, überlastet sein, verzweigt sein 3. in Betrieb genommen werden, ans Netz gehen 4. gedeckt werden, immens sein 5. verstromt werden, gefördert werden

2 2. stabilisieren 3. elektrifiziert 4. kommerzialisiert 5. kommunalisiert 6. lokalisiert 7. urbanisiert

3 1. einspeisen 2. erzielen 3. ausfallen 4. beheben 5. anschließen 6. betreiben 7. überlasten

4 stabil, lückenlos, flächendeckend, ausreichend, bestmöglich

5a 1d; 2c; 3e; 4b; 5f; 6a

5b 1. die Kultivierung 2. die Privatisierung 3. die Fluktuation 4. die Renaturierung 5. die Kommunalisierung

6 1. die Resilienz 2. die öffentliche Hand 3. rapide 4. die Enteignung 5. die Kollektivierung 6. gemeinwohlorientiert

7 der Engpass, die Notlage, die Knappheit, die Verknappung, die Unterversorgung

3 Verkehr und Logistik

1 1. vorangetrieben 2. vertrieben 3. betrieben 4. angetrieben 5. eingetrieben

2 1b; 2e; 3d; 4a; 5c

3 Datenströme, Finanzströme, Kapitalströme, Menschenströme, Güterströme, Verkehrsströme, Warenströme

4 1. Verkehrsknotenpunkt 2. Werft 3. Spedition 4. Reederei 5. Depot 6. Warenumschlagplatz 7. Lieferkette

5 1. motorisiert 2. Treibhausgasemission 3. Flächenfraß 4. versiegeln 5. entziehen 6. auf dem Tisch liegen 7. die Senkung, die Herabsetzung, die Reduzierung 8. Umstieg 9. Verbrennungsmotor 10. vorzugsweise 11. beitragen 12. Pendelfahrt 13. zulässig 14. reichen

9 Rechtliches

1 Wiederholung

1 1. be- 2. an- 3. er- 4. ein- 5. aus- 6. ver- 7. ver- 8. be- 9. ver- 10. be- 11. frei- 12. ein-

2 Schuld (nur Sg.): die Unschuld, die Mitschuld, die Hauptschuld; Schuld, -en: die Bankschuld, die Spielschuld, die Steuerschuld, die Mietschuld

3 anwenden, beschließen, verletzen, übertreten, erlassen, verabschieden, beachten, befolgen, brechen

4 1. steht 2. gerät 3. nimmt 4. lässt 5. umgibt 6. steht 7. nachweisen 8. gekommen

2 Strafrecht

1a 1. Raub 2. Einbruch 3. Totschlag 4. Tötung 5. Körperverletzung 6. Freiheitsberaubung 7. Nötigung

1b 1. Delikt 2. entwenden 3. Diebesgut 4. widerrechtlich 5. Beweggrund 6. Mordlust 7. Habgier 8. Heimtücke 9. vorsätzlich 10. Vorsatz 11. abzielen 12. Unversehrtheit 13. einsperren

2 1c; 2d; 3b; 4a; 5g; 6f; 7e

3 1. geständig 2. vorbestraft 3. widersprüchliche 4. verwertbar 5. belastende 6. verhandlungsfähig 7. schuldfähig 8. lebenslänglichen 9. angerechnet

4 1. hinterziehen 2. erschleichen 3. waschen, unterschlagen, veruntreuen 4. bestechen, bedrohen 5. entführen, zu einer Straftat anstiften 6. begehen 7. fälschen

3 Zivilrecht

1 1. Tariflohn 2. Mindestlohn 3. Betriebsrat 4. Kündigungsschutz 5. Mutterschutz 6. Ruhezeiten

2 1. Fristen einhalten 2. Gründe vorliegen 3. schriftlich erfolgen 4. Klage erheben 5. Kündigungsschutz besteht

3 brechen: Gesetze, Verträge, Versprechen; aushandeln: Verträge, Kompromisse, Geschäfte; aufsetzen: Verträge, Dokumente, Urkunden; anfechten: Urteile, Testamente, Steuerbescheide

4 1. eingeräumt 2. besteht 3. ungültig 4. geltend 5. angezeigt 6. aufkündigen 7. anzumelden 8. vorgetäuscht 9. verankert 10. gewährleistet 11. durchsetzen 12. angewiesen

5 1. gutes Recht 2. Gnade vor Recht 3. Recht muss Recht 4. Fug und Recht 5. Recht und Ordnung 6. recht und billig

10 Politik und Ideologie

1 Wiederholung

1 1c; 2a; 3d; 4i; 5h; 6g; 7f; 8e; 9b

2 1. Regierung, Macht 2. Regierung 3. Führung, Herrschaft 4. Präsidentin, Vorsitzenden 5. Unterstützung, Hilfe, Beistand 6. Macht

3 1. führen, erklären 2. nehmen, sich verschaffen 3. schließen, bewahren 4. ausüben, aufbauen 5. stellen, erfüllen 6. erleiden, hinnehmen müssen

4 1. konservativ 2. fortschrittlich 3. antidemokratisch 4. unabhängig 5. neutral 6. weltlich 7. stabil

2 Gewaltenteilung und Demokratie

1 1. Säulen 2. Machtmissbrauch 3. Gesetzgebung 4. ausführende 5. umgesetzt 6. Rechtsprechung 7. Vierten 8. gegenüber

2 seine Stimme abgeben, an die Urne gehen, abstimmen, zur Wahl gehen, für eine Partei stimmen

3 1. ausgelegt 2. angewendet/angewandt 3. einbringen 4. verschärft 5. aufzuheben

4 1. Verfassungsänderung 2. Verfassungsmäßigkeit 3. verfassungstreu 4. Verfassungsgericht 5. verfassungsfeindliche 6. Verfassungsschutz 7. verfassungskonform

5 1. Sturz 2. Vormarsch 3. Dauer 4. Gunst 5. Grenzen

6 1. charismatische 2. illiberale 3. schwelender 4. lebendige 5. rechtsstaatlichen 6. eklatante 7. säkulären 8. souveräner

3 Gesinnungen und Ideologien

1 links, rechts, patriotisch, völkisch, pazifistisch, antifaschistisch

2 bürgerlich, populistisch, rechts-/linksextrem, ökologisch, sozialdemokratisch, kommunistisch

3 1. säen 2. erschüttern 3. aussprechen 4. hegt 5. gewinnen 6. genießt 7. betrachten 8. zerstreuen

4 1. Erstwähler 2. Stammwählerin 3. Wechselwähler 4. Protestwählerin 5. Nichtwähler

5 1. unterstellen 2. aussprechen 3. entgegenbringen 4. zugestehen 5. nachtragen

6 1. Volksverhetzung 2. öffentliche Frieden 3. anstachelt 4. Willkür 5. verächtlich 6. verleumden 7. billigt 8. leugnet 9. verharmlosen 10. verherrlichen 11. rechtfertigt

11 Geistes- und Sozialwissenschaften

1 Wiederholung

1 1e; 2c; 3d; 4a; 5b

2 1. basiert 2. überliefert 3. herausgegeben 4. verfilmt 5. mithalten 6. nachvollziehen

3 1. langatmig 2. vorhersehbar 3. unglaubwürdig 4. atemberaubende, meisterhaft

4 Religion: Buddhismus, Christentum, Hinduismus, Islam, Judentum; gesellschaftlicher Stand: Adel, Geistlichkeit, Großbürgertum, Kleinbürgertum, Proletariat; geschichtliche Epoche: Antike, Aufklärung, Industrialisierung, Mittelalter, Moderne

2 Geisteswissenschaften

1a 1. Disziplin 2. Hinterlassenschaften 3. Aufzeichnungen 4. Kulturraum 5. Feuchtboden 6. Anliegen 7. Material

1b 1. ausgehend 2. Aufkommen 3. umfassen 4. Quelle 5. Artefakt 6. Keramik 7. erhalten 8. Grundriss 9. Siedlung 10. Datierung 11. Zerfall

2 1. Erzählton 2. Gespür 3. Zerrbild 4. Kitsch 5. Tücken 6. Idylle, Schein 7. Gefühlsduselei 8. Debütroman

3 1c; 2a; 3d; 4b; 5f; 6e

4 positiv: fulminant, gelungen, glänzend, meisterhaft, unübertrefflich; negativ: dürftig, drittklassig, mäßig, seicht, zweitklassig

5 1. guten 2. roter 3. abgedroschene 4. schicksalhafte 5. glatter

3 Sozialwissenschaften

1 1c; 2f; 3d; 4e; 5a; 6b

2 1. schrumpfen 2. weiterentwickeln 3. altern 4. halbieren 5. häufen 6. verteuern 7. verarmen 8. abflauen

3 1. Vorfälle, Anzeichen für etwas 2. eine Person, die Gesellschaft 3. Umsätze, Löhne, Einwohnerzahlen 4. die Wirtschaftsleistung, ein Mensch 5. Kredite, die Lebenshaltung 6. Preise, die Bevölkerung 7. die Geburtenrate, die Sozialausgaben, die Lebenserwartung 8. der Anstieg von etwas

4 1. schleichend, rasant, besorgniserregend, konstant, erfreulich, stagnierend, rückläufig, kontinuierlich, deutlich, moderat

5 1. stehen 2. gelangt 3. ziehen 4. ziehen 5. treffen 6. gesetzt 7. liegt

6 zunehmen: anziehen, ansteigen, sich erhöhen, in die Höhe klettern, zulegen; abnehmen: abflauen, sich abschwächen, nachlassen, fallen, zurückgehen

7 sprunghaft, stetig, rapide, massiv, drastisch, erheblich, überproportional

8 1. immateriellen 2. soziale 3. finanzielle 4. absolute 5. relative 6. materiellen 7. ausgeschlossen

12 Mathematik und Logik

1 Wiederholung

1 1b; 2c: von; 3d: mit; 4a: durch

2 2. ein Drittel 3. fünf Achtel 4. eineinhalb/anderthalb 5. zwei Drittel 6. drei ein Viertel

3 1. Dreieck 2. Quadrat 3. Kreis 4. Würfel 5. Kugel 6. Pyramide

4 1. steht 2. finden 3. erkennen 4. gekommen 5. ausgehen, zulassen

2 Mathematik

1 1. dieses Winkels 2. Durchmesser 3. Fläche 4. der Radius 5. rechter 6. Umfang, Kreiszahl 7. das Volumen

2a a) 4; b) 25; c) 3, 4; d) 2; e) 1; f) 12; g) 3; h) 5; i) 9; j) 8

2b 1. Wurzel 2. Gerade 3. Gleichung 4. Nenner 5. Ungerade 6. Primzahl

3 1. Einmaleins 2. Pi 3. Quadratur 4. Nenner 5. Eins 6. Dreieck 7. Null 8. hoch 9. Gleichung 10. Kreis

4 2. Lösbarkeit 3. Vorhersagbarkeit 4. Nachvollziehbarkeit 5. Überprüfbarkeit 6. Realisierbarkeit

3 Logik

1 folgerichtig, stimmig, widerspruchsfrei, plausibel

2 1. ableiten, ziehen, herleiten 2. ausschließen, anführen 3. schließen, folgern 4. verknüpfen, in Beziehung setzen 5. ausgehen 6. folgen, zustimmen

3a 1. setzt … an 2. knüpfen … an 3. folgen 4. gegenüberstellen 5. klammern … aus 6. einordnen

3b b) 6; c) 2; d) 4; e) 1; f) 3

4 1d; 2e; 3b; 4c; 5a

5 1. folgendermaßen 2. Nichtsdestotrotz 3. wohingegen 4. vorausgesetzt 5. Angesichts 6. weswegen 7. Infolgedessen 8. je nachdem 9. stattdessen 10. ausschließlich 11. ohne dass 12. es sei denn

6 1. Hand 2. Acht 3. Anwendung 4. die Probe 5. Augen 6. den Punkt

7 messerscharf, vernebelt, geschult, glasklar, hellwach, gesund, kühl

13 Finanzen und Wirtschaft

1 Wiederholung

1 verdienen, abheben, ausgeben, sparen, verschenken, schulden, einnehmen, überweisen

2 1. Lohn 2. Gehalt 3. Steuern 4. Beiträge 5. Kosten 6. Taschengeld 7. Trinkgeld 8. Pension

3 1. ab 2. aus 3. ein 4. gut 5. ein 6. ein 7. aus 8. ent

4 1. erteilen, annehmen, ausführen 2. vermarkten, bewerben 3. retten, führen, auflösen 4. anstellen, entlassen 5. aushandeln 6. aufnehmen, abzahlen

5 1. Verlust 2. Nachfrage 3. Haben 4. Ausgaben 5. Nutzen 6. Dienstleistungen 7. Verkauf 8. Marketing

2 Finanzen

1 verschwenderisch: 1, 3, 6, 8; sparsam: 2, 7; geizig: 4, 5, 9

2 1. um 2. von 3. zu 4. mit 5. im 6. für

3 1. tätigen, erledigen 2. einrichten, überziehen 3. vornehmen, tätigen 4. einrichten, kündigen 5. begleichen, tilgen 6. abrufen, abfragen 7. aufnehmen, gewähren

4 1d; 2f; 3g; 4e; 5a; 6b; 7c

5 1. steuerfrei 2. zinsfreien/zinslosen 3. schuldenfrei 4. bargeldlos 5. provisionsfrei, ablösefrei 6. mietfrei 7. mittellos

6 1. ermitteln 2. abgebucht 3. gutgeschrieben, verrechnet 4. vorausgesetzt 5. erlassen

7 1e; 2d; 3c; 4f; 5b; 6a

8 1. Gutschrift 2. -erlass 3. Privatanleger, Privatanlegerin 4. Fixkosten 5. Spekulantin, Spekulant 6. Einzugsermächtigung

3 Wirtschaft

1 positiv: florierend, boomend, robust, günstig, stabil; negativ: angespannt, desolat, desaströs, labil, prekär; unterschiedlich: turbulent, dynamisch, wechselhaft, schwankend, unbeständig

2 1. anmelden 2. abgeworfen 3. decken 4. tätigen 5. ansiedeln, schaffen 6. verzeichnen, anzukurbeln

3 1. börsennotiertes, marktbeherrschendes 2. anhaltende, globale 3. sprunghafter 4. anziehende, schwächelnde 5. dreistellige, gedeckte 6. einkalkulierte, explodierende 7. verhaltene, getrübte 8. zügige, schleppende 9. führende, dominante, beherrschende

4 die Geldentwertung, der Kaufkraftverlust, die Teuerung, der Wertverlust, die Preissteigerung

5 1. anzukurbeln 2. Anreize 3. Subventionen 4. ansiedeln 5. Klima 6. Standort 7. klamme 8. Schaffung 9. Wohlstand

6 1. Post 2. Steuer 3. Kopf 4. Schaffung 5. Inland 6. -zwang 7. Spirale 8. Schrumpfen 9. Wohlstand 10. Anreize; Lösungswort: Suffizienz

Bildnachweis:
8.1 Getty Images (Sol de Zuasnabar Brebbia), München; **8.2** Getty Images (worac); **8.3** Getty Images (Boy_Anupong); **8.4** Getty Images (Smederevac); **8.5** Getty Images (Songsak rohprasit); **8.6** Getty Images (Peter Dazeley); **8.7** Getty Images (Anton Petrus); **9** Getty Images (fhm); **10** Getty Images (aire images); **13.1** Getty Images (Gregory Costanzo); **13.2** Getty Images (Difydave); **13.3** Getty Images (Creative Crop); **13.4** Getty Images (Weiquan Lin); **13.5** Getty Images (Banepx); **13.6** Getty Images (jsolie); **13.7** Getty Images (NYS444); **13.8** Getty Images (Chimpinski); **13.9** Getty Images (alphacat); **13.10** Getty Images (Tarzhanova); **13.11** Getty Images (Aleksangel); **13.12** Getty Images (Yevgen Romanenko); **13.13** Getty Images (PATSTOCK); **13.14** Getty Images (rusm); **13.15** Getty Images (Bill Oxford); **13.16** Getty Images (claylib); **14.1** Getty Images (Klaus Vedfelt); **14.2** 123RF.com (Antonio Guillem Fernandez), Nidderau; **14.3** Getty Images (Dinouk Colombage); **14.4** Getty Images (Image Source); **14.5** Getty Images (martin-dm); **14.6** 123RF.com (Ekaterina Pokrovsky); **15,19.1** Getty Images (calvindexter); **16.1** Getty Images (visual7); **16.2** 123RF.com (Thatsaphon Saengnarongrat); **16.3** 123RF.com (panophotograph); **16.4** Getty Images (Suzy Hanzlik Photography); **16.5** Getty Images (CliqueImages); **16.6** Getty Images (Kinga Krzeminska); **16.7** Getty Images (Maryna Terletska); **16.8** Getty Images (EkaterinaZakharova); **16.9** Getty Images (DuKai photographer); **16.10** 123RF.com (iuliia Alekseeva); **16.11** Getty Images (bin kontan); **16.12** Getty Images (Gudella); **16.13** Getty Images (Amir Mukhtar); **16.14** Getty Images (dnaveh); **17.1** 123RF.com (Audrius Merfeldas); **17.2** 123RF.com (dero2084); **19.2** Getty Images (mdphoto16); **20** Getty Images (SensorSpot); **21** Getty Images (Joe McDonald); **22** Getty Images (Carol Yepes); **23** Getty Images (SementsovaLesia); **25.1** Getty Images (Terry Vine); **25.2** Getty Images (Xavier Lorenzo); **26** Getty Images (Lighthouse Films); **28** Getty Images (Justin Paget); **29** Getty Images (ALLVISIONN); **31.1** Getty Images (Edwin Remsberg); **31.2** Getty Images (Christoph Jorda); **31.3** Getty Images (Katrina Wittkamp); **31.4** Getty Images (Sabrina Bracher); **31.5** Getty Images (Pencho Chukov); **31.6** Getty Images (Thomas Winz); **31.7** Getty Images (Jason Doiy); **31.8** Getty Images (By Anna Rostova); **32.1** 123RF.com (rie0914); **32.2** Getty Images (Tom Werner); **32.3** 123RF.com (Marek Idowski); **33.1** 123RF.com (Cavan Images); **33.2** 123RF.com (Piotr Krześlak); **33.3** 123RF.com (jmrocek); **35** Getty Images (apomares); **37** 123RF.com (Sebastian Kaulitzki); **38.1** 123RF.com (Kateryna Golovchyn); **38.2** Getty Images (Henryzoom); **38.3** Getty Images (alphabetMN); **40** 123RF.com (Anna Tolipova); **41** Getty Images (Peter Dazeley); **43** Getty Images (fizkes); **44** Getty Images (sakchai vongsasiripat); **47** Getty Images (drogatnev); **49** Getty Images (hxdbzxy); **50** 123RF.com (Maksim Kostenko); **51.1** 123RF.com (Nataliia Anisimova); **51.2** 123RF.com (snike); **51.3** 123RF.com (Dmitriy Moroz); **52** Getty Images (gevende); **53** Getty Images (Joos Mind); **55** 123RF.com (Péter Gudella); **56** Getty Images (Portra); **57** 123RF.com (stylephotographs); **58** 123RF.com (Rudmer Zwerver); **59** Getty Images (Willie B. Thomas); **61** Getty Images (Image Source); **62** 123RF.com (elnur); **63** 123RF.com (Ken Cook); **65** 123RF.com (zerbor); **67** Getty Images (Karen Moskowitz); **68** 123RF.com (erika8213); **69** 123RF.com (nx123nx); **71** 123RF.com (Sebastian Duda); **74** Getty Images (Thomas Demarczyk); **75** 123RF.com (liudmilachernetska); **76** 123RF.com (Alexander Dubovitskiy); **77** 123RF.com (Hyejin Kang); **79.1** Getty Images (Francesco Carta fotografo); **79.2** Getty Images (Flavio Coelho); **80.1,80.5** Getty Images (Oleksandr Melnyk); **80.2,80.4,80.6** Getty Images (Barbulat); **80.3** Getty Images (Tomekbudujedomek); **80.7** Getty Images (SpicyTruffel); **81** 123RF.com (sylverarts); **82** 123RF.com (liudmilachernetska); **83** 123RF.com (dragoscondrea); **86** Getty Images (Hero Images Inc); **87** 123RF.com (Paul Grecaud); **89** Getty Images (DIPA)